Vulnérabilités environnementales et résiliences urbaines à Kinshasa

Parutions de la Collection « Dossiers, études et documents »

Créée et dirigée par Jean MPISI

*Jean MPISI, *Ali-Foreman, le combat du (XXe) siècle,* 17 septembre 2020, 568 pages.

*Jean MPISI, *Le Programme sino-congolais pour le développement des infrastructures en RDC*, 21 septembre 2020, 525 pages.

*Jean MPISI, *La SICOMINES (Sino-Congolaise des Mines)*, 29 septembre 2020, 500 pages.

*Mathias BUABUA wa Kayembe, *Droit économique congolais*, 23 septembre 2021, 288 pages.

*Laurent KALOMBO Tsindela, *Propos autour de la littérature congolaise*, 10 mars 2023, 436 pages.

*Ansoom Bwang Bazol Rogatien ONDAIN, *Paradigmes spatiaux et épuration des mœurs sociales congolaises dans Le Délégué Général de Mathias Buabua wa Kayembe*, 12 mai 2023, 208 pages.

*Casimir ILUNGA Kasambay, *La publicité – Concepts et principes*, 7 décembre 2023, 103 pages.

*Casimir ILUNGA Kasambay, *L'essentiel du marketing*, 7 décembre 2023, 104 pages.

*Paul BAZAKANA Bayete, *Journaliste de Kinshasa à Paris,* 28 décembre 2023, 122 pages.

*Paul BAZAKANA Bayete, *Dans l'ombre de Tabu Ley. Anecdotes et souvenirs*, 4 janvier 2024, 188 pages.

*Mathias BUABUA wa Kayembe, *Finances publiques congolaises. De l'orthodoxie et de la mobilisation des ressources*, 12 décembre 2024, 92 pages.

*Erasme FUNDJI Ngungu, *Crise de l'enseignement en RDC. Politique et stratégies de sa résolution*, 27 mars 2025, 207 pages.

*Jean MPISI, *Le pape François à Kinshasa*, 30 avril 2025, 456 pages.

*Claude-Pierre OKONDJO WANDJA (sous la dir. de), *Visions et stratégies pour le développement de la province du Sankuru*, RDC, 26 juin 2025, 270 pages.

Jean Rufin MUNKUAMO GONZALEZE

Vulnérabilités environnementales et résiliences urbaines à Kinshasa

Préface du Pr Dieudonné MUSIBONO EYUL'ANKI

L'Harmattan

5-7, rue de l'École-Polytechnique; 75005 Paris

www.editions-harmattan.fr

ISBN : 978-2-336-56887-4
EAN : 9782336568874

Du même auteur

1. OUVRAGES

Les villes durables. Un regard sur l'environnement urbain en RDC, L'Harmattan, Paris, 2025.

Ekistique support d'écologie urbaine, Centre de recherche interdisciplinaire de l'Université Pédagogique Nationale (CRIDUPN, Kinshasa, 2024.

Gestion de l'environnement - un impératif pour sa durabilité, Centre interdisciplinaire (CERIL), Université Saint Dominique, Kinshasa, 2020.

Notions d'environnement, Centre de Recherche Pédagogique (CRP), Limete-Kinshasa, 2020.

Les problèmes environnementaux à Kinshasa, Centre de Recherche Interdisciplinaire de l'Université Pédagogique Nationale (CRIDUPN, Kinshasa, 2018.

2. ARTICLES

« Utilisation de l'eau de forages en République Démocratique Congo : une résilience socio-écologique salutaire et suicidaire » (*sous presse*), Presse de l'Université Pédagogique Nationale, PUPN, Kinshasa, 2025.

« Les villes africaines à la quête du bonheur écologique », in *International Journal of innovation and Applied Studies*, ISSN 2028 – 9324, Vol. 45, N°. 3 mai 2025, Casablanca, pp. 595 – 608.

« La croissance démographique en République Démocratique du Congo face aux enjeux du développement urbain durable », in *International Journal of innovation and*

Applied Studies, ISSN 2028-9324, Vol.44, N°.4, Février 2025, Casablanca, pp. 898-903.

« Les plantes médicinales, une ressource précieuse et véritable trésor à protéger : une étude ethnobotanique de l'écosystème forestier d'Eyalé en République démocratique du Congo », in *International Journal of Innovation and Applied Studies*, ISSN 2028-9324, Vol.43, Issue 1, Juillet 2024, Casablanca, pp. 82-95.

« Performance des écosystèmes urbains congolais (RDC) à la lumière de la dynamique d'Agenda 21 », Presse de l'Université Pédagogique Nationale (PUPN), N° 099b (Avril –Juin) 2024, Kinshasa, pp. 57-66.

« Précarités urbaines à Kinshasa : dynamique d'un écosystème urbain congolais en crise de la durabilité environnementale, Presse de l'Université Pédagogique Nationale, Centre de recherche (PUPN), N° 097b, 2023, Kinshasa ; pp.

« Vision de l'ékistique au 21ème siècle à la lumière de la Charte d'Athènes et d'Agenda 21 ». Enjeu du développement urbain durable », in *International Journal of Innovation and Applied Studies*, ISSN 2028-9324, Vol.40, Issue 3, Septembre 2023, Casablanca, pp. 698-705.

« Les inondations meurtrières à Kinshasa : diagnostic et stratégies préventives intégrées pour la réduction des risques des catastrophes naturelles, in *International Journal of Innovation and Applied Studies*, ISSN 2028-9324, Vol. 40, Issue 3, Septembre 2023, Casablanca.

« Analyse des facteurs favorisants de la destruction des écosystèmes forestiers et leurs conséquences en RDC », in *International Journal of Innovation and Applied Studie*s, ISSN 2028-9324, Vol.39, N° 4, Juin 2023, Casablanca, pp. 1692-1697.

« Vulnérabilités environnementales du lac Mai-Ndombe, une contribution à la résolution de la crise environnementale des écosystèmes lacustres en République Démocratique du Congo », in *International Journal of Innovation and Applied Studies*, ISSN 2028-9324 Vol. 39, N°3, Mai 2023, pp. 1139-1148, Casablanca.

(Avec MBANGA P), « Etude de la Biomasse arienne de la forêt équatoriale en République Démocratique du Congo (RDC) et capacités de séquestration du CO_2 », in *International Journal of Innovation and Applied Studies*, ISSN 2028-9324, Vol. 39, N°1, 2023, Casablanca, pp.280-291.

(Collectif), « Problèmes environnementaux en milieux scolaires à Kinshasa : Etat des lieux et orientations pour une gestion durable », in *International Journal of Innovation and Applied Studies*, ISSN 2028-9324, Vol. 39, N° 1 Mars 2023, Casablanca, pp.121-128.

(Collectif), « Chemical Pollution Assessment in the Katanga Copper Belt Mining Region and Effluents Characterization (DRCongo, Subssaharam Africa) : An introctoory paper », in *International Journal of Science Academic Research*, vol 01. Issue 02, May 2020, pp. 058-060.

« Contraintes et défis de l'écologie urbaine en République Démocratique du Congo », in *International Journal of Innovation and Applied Studies*, vol 30, N° 1, July 2020, Casablanca, pp. 35-44.

« Crise écologique et la responsabilité humaine : une lecture de l'encyclique « Laudato Si » du Pape François », in *Cahiers congolais de Sociologie*, N° 39, Université de Kinshasa, Décembre 2018, pp. 101-118, Kinshasa.

« Stratégies de résiliences socio-économiques à Kinshasa/ RDC et impacts sur la sécurité socioenvironnementales de la population urbaine », in *International Journal of Innovation and Applied Studies* (ISSN), Vol. 16, Issue 4, June 2016, Casablanca, pp. 828-836.

(Avec G. MUSIBONO, D.), « Vulnérabilités environnementales et stratégies de survie urbaine en situation post-conflit en République Démocratique du Congo », in *International Journal of Innovation and Applied Studies* (ISSN), Vol.13, N°1, 2015, pp. 163-167.

« Les dérives éthiques dans l'environnement de la commune de Limete : Etat de lieux et perspectives », *Cahier congolais de Sociologie*, N°31, Département de Sociologie, Université de Kinshasa, 2014.

« Absence de l'urbanisme dans l'environnement de la commune de Limete », *Revue interdisciplinaire*, UPN, Kinshasa, 2014.

Préface

Les villes sont les écosystèmes artificiels très vulnérables. En effet, la demande urbaine en biens et services de base fait face à un déficit réel ou supposé et l'offre urbaine semble toujours insuffisante par rapport à la demande. Cette situation place le citadin dans une insécurité sociale chronique voire augure dans certains cas. Ce qui conduit à certaines dérives éthiques lors de la quête de la survie individuelle et collective.

C'est dans ce contexte que le professeur Jean Rufin MUNKUAMO Gonzalez, enseignant des universités, un rompu de l'écologie urbaine, produit un livre sur Kinshasa. Les réalités présentées dans ce livre sont vécues à travers toutes les villes sinon tous les milieux urbains de la RDC.

Construite pour une population de 400.000 habitants, Kinshasa compte de nos jours plus de 20 millions habitants. Néanmoins cette augmentation, qui s'est faite en dehors des normes écologiques urbaines n'a pas été suivi par des équipements et d'infrastructures collectives subséquents. Au contraire, elle détruit de manière ostensible les équipements et les infrastructures construits à l'époque coloniale.

La démission de l'Etat congolais et la pauvreté excessive des populations transforment Kinshasa à un grand village. Elles accorent les conditions de vulnérabilités sociales et exposent les Kinois à l'insécurité généralisée : catastrophes diverses, morbidité et mortalité précoce, accès difficile aux services de base, etc.

Pour faire face à ces aléas, les ménagent Kinois se versent dans les résiliences, mécanisme pour tenter de survivre. Cependant, la plupart de ces résiliences se transforment en dérives éthiques. Pourvu qu'on vive devient l'idéal à Kinshasa (la « kinoiserie »).

Ainsi, de nos jours la ville de Kinshasa est bâtit dans l'ensemble sur du « précaire » et du « vulnérable ». C'est tout cela que décrit de façon claire l'ouvrage de RP Professeur Jean Rufin. On y découvre la nature de différentes vulnérabilités, résiliences et dérives environnementales sur lesquelles se greffent la précarité et les vulnérabilités. On y découvre également les conséquences qui en découlent.

Fort heureusement, l'auteur ne s'arrête pas à ce volet descriptif, il le transcende et présente des solutions pour revitaliser la vie à Kinshasa aujourd'hui et demain.

Nous vous recommandons de lire ces réflexions, afin de comprendre pourquoi, il faudrait repenser l'anatomie et la physiologie de la ville de Kinshasa afin de passer du type fragile au type durable des éco-villes.

Professeur Dieudonné MUSIBONO Eyul'Anki, Ph.D

Environnementaliste
UNIKIN

Introduction

La ville est un milieu humain très complexe, mais doit être aménagée pour maîtriser et organiser le développement humain, afin de créer les conditions optimales à la vie et aux activités humaines. Elle est appelée à tenir compte de quatre fonctions : habiter, travailler, circuler et se récréer décemment, facteurs qui déterminent la vie heureuse (Agenda 21, 992).

Ainsi, ses initiateurs, concepteurs, créateurs et plus tard bénéficiaires, doivent tenir compte de l'impératif écologique. Depuis la conférence de Stockholm sur l'environnement (1972), les notions de la durabilité environnementale et d'écologie sont devenues un outil de travail, pour toute intervention dans l'espace. L'écologie apporte aux hommes l'information régulatrice qui peut leur permettre de disposer des bases conceptuelles et méthodologiques leur permettant de rationaliser les rapports qu'ils entretiennent avec les milieux dans lesquels ils vivent.

Pour ce faire, l'éducation environnementale s'avère importante. Elle est un outil indispensable de lutte contre la dégradation de l'environnement et du milieu de vie.

Lors des Conférences des Nations Unies sur les établissements humains qui se sont tenues à Rio (1992) et Istanbul (Habitat II, 1996), la préoccupation sur l'environnement urbain s'est avérée comme une priorité des Etats, du fait que, plus de 60 % de l'humanité vivront en milieu urbain à l'aube de l'année 2030 (Centre de Recherches pour le Développement International, 2016).

Cette interpellation a porté sur les facteurs et conditions susceptibles d'améliorer le cadre, les conditions de la vie et de la santé des citadins dans les zones urbaines. Les Etats ont été invités à mettre les êtres humains au centre des préoccupations relatives au développement urbain durable et de veiller sur leur droit à une vie saine, dans un environnement de qualité.

Malheureusement, plus de vingt ans, plusieurs Nations sont restées indifférentes ou insensibles aux problèmes liés au développement de l'environnement urbain. Tel est le cas de la République Démocratique du Congo qui évolue aux mépris de grands axes susceptibles de faire émerger la promotion socioculturelle de la population : à l'instar de faible approche intégrée dans la résolution des problèmes sociaux ; négligence de la prise en compte des problèmes et leurs impacts environnementaux ; faible participation dans le développement intégré comme stratégie de croissance économique et de développement durable ; lente évolution dans la mise en œuvre d'actions synergiques pour une dynamique sociale du développement ; manque de visions rationnelles dans la gestion des ressources naturelles, compromettant ainsi, la garantie de vie des générations futures ; destruction méchante et continue des écosystèmes existants…

A ce qui précède s'ajoutent la prolifération des dérives éthiques, dont la dépravation des mœurs, la corruption généralisée, le vol, les assassinats, le détournement de denier public, le clientélisme, la géopolitique…

Ce déficit éthique en matière de gestion responsable a conduit la RDC et ses centres urbains à des conséquences déplorables, tel que :croissance démographique non maitrisée, pauvreté de masse, faible revenu mensuel, morbidité fréquente et mortalité précoce, habitat précaire, multiplication d'érosions, fréquence d'inondations, prolifération des déchets, pollutions protéiformes, accès difficile à l'eau potable et énergie électrique, occupation désordonnée de l'espace public et construction anarchique, voirie inadaptée, modicité et régularité des salaires, etc.

En fait, tous les villes et centres urbains (Kinshasa, Kananga, Kisangani, Kikwit, Lubumbashi, Matadi, Mbandaka, Mbuji-Mayi...) en RDC sont touchés par différentes crises environnementales.

A Kinshasa, la capitale du pays, l'état actuel de la ville fait de cet écosystème urbain une « cubudosphère », un espace non « viable et vivable » caractérisé par la précarité et les vulnérabilités écologiques, économiques et sociales. Plus de 60 % de ménages Kinois sont vulnérables. Ils ont accès difficiles aux services de base : l'eau, électricité, éducation, santé...

Abandonnés à leur triste sort, et pour ne pas disparaitre au fil du temps, les ménages kinois s'adonnent aux résiliences, mécanismes pour la survie. A Kinshasa, plus de 70 % de ménages sont versés dans les résiliences. Malheureusement, en voyant l'évolution et la qualité de vie des Kinois, il n'y a pas lieu de croire en l'efficacité de ces stratégies pour un développement durable.

C'est pourquoi, cette étude présente des solutions adéquates, afin que les décisions relatives à l'aménagement écologique et gestion urbaine durable soit prise de manière conséquente, susceptible de contribuer à la gestion efficace et durable de la ville de Kinshasa, à l'instar d'autres grandes villes du monde.

Chapitre 1
Vulnérabilités et résiliences urbaines

Kinshasa, devenue l'une des mégapoles en Afrique subsaharienne, fait actuellement face à une croissance extraordinaire de son contenant et contenu. Cette ville-capitale couvrant plus de 9965 km^2 et renfermant environ 30 % de la population congolaise doit, désormais, être gérée rationnellement, pour assurer sa durabilité environnementale globale.

A l'état actuel, Kinshasa est confrontée à la précarité à outrance des conditions de vie urbaine. Cette précarité a engendré la pauvreté urbaine de masse qui a ouvert la voie aux vulnérabilités de l'environnement biophysique et humain.

1.1. VULNERABILITE

Le concept « vulnérabilité » existe depuis belle lurette. Son contenu sémantique s'est précisé avec les aléas et risques environnementaux devenant de plus en plus légion. C'est pourquoi, la vulnérabilité s'exprime, de nos jours, en termes de risques et menaces. Elle constitue pour l'individu ou le groupe social la probabilité de subir les conséquences d'événements imprévus, un choc.

Sur le plan de choc qui caractérise la vulnérabilité, ce sont les groupes pauvres ou extrêmement pauvres de la population qui sont particulièrement vulnérables. Car, ils sont économiquement fragiles et exposés aux risques de conséquences de pauvreté ou de la précarité. D'où, la vulnérabilité est comprise comme un ensemble de conditions environnementales écologiques, économiques et sociales très défavorables pour une vie environnementale durable.

Le risque se définit comme des événements physiques potentiellement dommageables, des phénomènes ou des activités humaines pouvant entrainer des pertes en vies humaines, des dommages corporels ou matériels, des perturbations sociales et économiques ou des dégradations environnementales (*Encyclopédie universalis*, 2009). On entend par risque, un événement incertain ou imprévisible pouvant engendrer la réduction du bien-être.

Les risques peuvent également inclure les conditions latentes qui représentent des menaces futures et peuvent avoir des origines naturelles ou être le résultat de l'activité humaine. L'existence d'un risque n'occasionne pas nécessairement une situation défavorable. Sur le plan de risques, il existe plusieurs catégories sociales de vulnérables : personnes vivant avec handicap, personnes de troisième âge, chômeurs, personnes vivant avec les maladies incurables femmes en situation difficile, individus occupant des zones urbaines marginales, enfants, etc.

Par rapport aux risques environnementaux, sur le plan anthropologique, la notion de vulnérabilité renvoie à la finitude, à la fragilité de l'existence humaine. De manière générale, la notion de vulnérabilité est liée à celle de l'insécurité, de danger dont il faudrait pouvoir se préserver pour se soustraire des risques, menaces et dangers éventuels.

Parmi les risques environnementaux de vulnérabilités, il faut citer : la croissance démographique, la pauvreté, le chômage, les maladies, la carence d'habitat décent, le caractère insignifiant de la couverture énergétique, taux élevé d'analphabétisation, les inondations, les érosions, le manque et la vétusté des infrastructures, le développement technologique limité, les guerres et les conflits, les déplacés de guerres, le changement climatique, etc. Tous ces éléments sont sources de la dégradation de l'environnement urbain ou naturel et un frein pour le développement durable.

Le GIEC (2014) définit en revanche, la vulnérabilité comme un niveau selon lequel « un système est susceptible ou incapable de faire face au changement climatique », Autrement dit, elle est fonction de l'exposition et de la sensibilité des systèmes aux effets de l'aléa mais aussi la capacité d'y faire face.

La vulnérabilité est alors fonction du seuil d'acceptabilité et de la résilience du groupe social en danger. E. Lambi (2009) distinguer dans l'environnement urbain, deux types de vulnérabilité : vulnérabilité biophysique et vulnérabilité environnementale.

1.1.1. Vulnérabilité biophysique

La vulnérabilité biophysique c'est *une fonction de l'aléa, de l'exposition et de la sensibilité aux impacts de l'aléa.* Cette vulnérabilité n'est rien d'autre que le croisement entre un élément naturel (physique) source de danger et un complexe d'éléments pouvant être endommagés (biologique). Les enjeux sont définis comme vulnérables lorsqu'ils sont sensibles à l'aléa. Du reste l'exposition à une source de danger sans conséquence dénote d'une absence de fragilité du système biologique. Toutefois, son évaluation se fait à posteriori, c'est-à-dire qu'elle vise à comptabiliser les dommages après une catastrophe au détriment d'un examen de la solidité, de la résistance du système avant la survenance de l'aléa. Ce concept a servi de base aux travaux sur les risques liés au changement climatique.

1.1.2. Vulnérabilité environnementale

La vulnérabilité environnementale, c'est l'incapacité de l'homme à faire face aux aléas environnementaux. Elle occasionne la perte de la capacité humaine à la résistance ou résilience des aléas environnementaux. Le concept de vulnérabilité étant polysémique et multidimensionnel, sur le plan environnemental, il se ramène aux concepts de : vulnérabilité écologique, économique, sociale, etc. Tous ces aléas environnementaux, causes de vulnérabilités environnementales, mettent en mal le développement durable.

1.1.2.1. Vulnérabilité écologique

La vulnérabilité écologique est due aux menaces et risques de destruction ou perte des habitats et espèces biologiques dans les systèmes écologiques naturels. Ainsi, les dégradations environnementales à travers les modifications climatiques, édaphiques et de comportements humains sont des sources de vulnérabilité écologique par le dépérissement, l'inondation, l'érosion, la pollution, le déchet, et l'extinction des espèces biologiques vivantes ou de milieux naturels.

De nos jours, les vulnérabilités écologiques sont induites par plusieurs facteurs : changement climatique, pollution multiforme, trous d'ozones, déchets urbains, etc. Le facteur de vulnérabilité écologique urbaine se multiplie en ville à cause des effets synergiques de risques de vulnérabilités.

1.1.2.2. Vulnérabilité économique

L'économie est tout ce qui a un coût, un prix, un avantage pour l'épanouissement durable. L'objet de l'économie peut porter sur la nature, les biens matériels et immatériels, les patrimoines et les divers services. Fondamentalement, le foyer de l'économie c'est le ménage. En effet, la viabilité du ménage ou la pérennisation du mode de vie et du bien-être du ménage ont été au cœur du fondement de l'économie, d'abord domestique et puis scientifique, par la théorisation de certains problèmes et situations à caractère économique.

A l'heure actuelle, tout ce qui est processus de développement, à savoir d'abord le développement comme projet sectoriel ou global de la société, ensuite le développement humain (qualité de vie de l'homme, au centre du développement) et enfin le développement durable (conjonction de la qualité de la nature et de la vie humaine individuelle ou collective, piliers de ce développement), constitue une démarche progressive qui s'accomplit en mettant en œuvre l'économie. Ainsi, les éléments de base qui fondent l'économie sont : la production, la transformation, la commercialisation, la consommation, l'emploi, le salaire ou revenu, les dépenses, le rejet, etc.

Tous ces éléments fonctionnent dans un cycle au sein des structures économiques formelles (Etat, ménages, marchés, entreprises) et non formelles (société globale, communautés de base, agglomérations urbaines). Dans ce mode cyclique du fonctionnement économique dans les sociétés, c'est la rupture du cycle économique qui crée de vulnérabilités économiques, avec ses effets d'entraînement sur les systèmes écologiques ou naturels et sociaux. De vulnérabilités économiques provoquent un déboitement de la mécanique du développement durable et une crise systémique aiguë de l'environnement (vulnérabilité écologique, vulnérabilité économique, vulnérabilité sociale, vulnérabilité culturelle).

Il y a vulnérabilité économique, lorsque des pressions s'exercent sur les économies d'une nation. Plusieurs indicateurs économiques déterminent la ligne rouge de vulnérabilités économiques au niveau social et national : PIB et PNB trop faibles, décroissance économique (instabilité du cadre macro-économique), dette extérieure et intérieure, crise de liquidité (manque de devise), etc. Toutes ces formes de vulnérabilités en Afrique et en République Démocratique du Congo en particulier est un frein pour le développement économique.

A Kinshasa, les aspects concernés de près par les vulnérabilités économiques sont : le revenu ménager, le nombre de repas journaliers, les dépenses alimentaires familiales, les frais scolaires et de soins de santé, etc.

1.1.2.3. Vulnérabilité sociale

La vulnérabilité sociale est une forme de vulnérabilité qui représente une fragilité matérielle ou morale à laquelle est exposé un individu, une organisation ou une société. Elle désigne une de vie sociale très marquée par l'absence totale d'autonomie et la souffrance qui paralysent l'épanouissement et le bonheur durables de la vie humaine.

Par rapport à cette appréhension du concept, les personnes vulnérables sont celles qui sont menacées dans leurs autonomies, leurs dignités ou leur intégrité, physique ou psychique… Elles sont donc incapables de protéger et défendre leurs propres intérêts. Les catégories socioprofessionnelles et sanitaires représentants les vulnérables sont : vieillards ou personnes de troisième âgées, enfants en situation difficile (les enfants de la rue, les enfants associés aux conflits armés, etc.), femmes enceintes, veuves ou femmes seules chefs de ménage, pensionnaires des maisons de retraite, sans abris, refugiés, les détenus, patients atteint d'une pathologie incurable, personnes vivants avec handicap, personnes vivant avec le virus du SIDA, absence d'infrastructures sociales dans les quartiers, etc.

Tous ces exemples montrent que la vulnérabilité sociale est un concept très complexe. Elle a des connivences étroites avec les concepts de précarité et pauvreté. D'où, ce concept et ses réalités dérivées sont très présents dans les milieux urbains. Ensemble, ils constituent un frein majeur pour le développement urbain durable

1.1.2.4. Vulnérabilités environnementales à Kinshasa

Kinshasa, devenue l'une des mégapoles en Afrique subsaharienne, fait actuellement face à une croissance extraordinaire de son contenant et contenu. Cette ville-capitale couvrant plus de 9965 km^2 et renfermant environ 30 % de la population congolaise doit, désormais, être gérée rationnellement, pour assurer sa durabilité environnementale globale.

1.1.2.4.1. Indicateurs de vulnérabilités à Kinshasa

- *Sur le plan écologique :* inondation meurtrière, dégradation des sols, érosion dévastatrice, pollution protéiforme, mégestion de déchets, assainissement chaotique, absence d'espaces verts, ilots de chaleur, etc.

- Sur *le plan socio-économique* : pauvreté urbaine croissante, faible revenu mensuel, salaires toxiques, chômage, sous-emploi, habitat précaire, mauvaise qualité de l'énergie électrique, pénurie en eau potable, insécurité alimentaire, transport en commun lacunaire, soins de santé inappropriés, soins de santé primaire inexistants, système éducatif déficitaire, voirie chaotique, dérives éthiques (corruption, détournement de denier public, vol, viol, tribalisme, phénomène « koulouna », enfants de la rue, prostitution, filles mères), etc. :

1.1.2.4.2. Conséquences de vulnérabilités à Kinshasa

Les vulnérabilités écologiques, économiques et sociales sont sources de plusieurs conséquences. Ces dernières ont un impact négatif sur l'environnement et menacent la durabilité de l'équilibre urbain ou des services éco-systémiques.

Les conséquences sociales les plus accentuées, sont les suivantes : précarité, oisiveté, risques sanitaires, famine, analphabétisation, dérives éthiques, taux de morbidité et mortalité remarquable… Toutes ces conséquences sociales sont des facettes de la problématique de vulnérabilités environnementales systémiques de la ville de Kinshasa.

Constituant un système, ces conséquences ont des liens intrinsèques entre elles, au point où elles se compénètrent les unes et les autres. Au niveau social, c'est tout le monde qui est exposé, d'une manière ou d'une autre aux conséquences directes ou indirectes de ce phénomène environnemental.

En effet, à Kinshasa, à cause de la dégradation environnementale globale et continue, les vulnérabilités environnementales n'ont pas de frontière. C'est tout le monde qui est victime réelle ou potentielle de vulnérabilités environnementales. Les pillages, les violences, la faim, l'analphabétisation, les viols et les divorces omniprésents à

Kinshasa et leurs effets pervers au quotidien attestent que les vulnérabilités environnementales et leurs conséquences sont généralisées dans la ville. Elles se sont constituées au fil du temps en un fléau environnemental grave de ce milieu urbain.

1.1.2.4.3. Facteurs causales de vulnérabilités à Kinshasa

Plusieurs causes sont à l'origine de la crise environnementale dans la ville de Kinshasa. Il s'agit de : la démission de l'Etat qui est à la base de la mauvaise gouvernance environnementale, la faible politique en matière d'urbanisation, l'explosion de la démographique incontrôlée, l'auto-construction, l'insuffisance de l'information régulatrice à la population, l'ignorance des lois écologiques par les décideurs ainsi que par les Kinois, etc.

Ainsi, à Kinshasa, pour sortir de l'arène de vulnérabilités écologiques et socio-économiques, divers mécanismes de résiliences permettent aux Kinois de tenter d'assurer des conditions sociales minimales de vie et de continuer à survivre, sans beaucoup de menaces dans la dynamique de précarités sociales croissantes.

1.2. RESILIENCES URBAINES

Le concept « résilience » signifie « restaurer ». Ce concept a été récupéré par les sciences physiques, plus précisément la mécanique des phénomènes vibratoires. Il signifie en physique des corps solides, la restauration du choc après encaissement d'énergies, vulnérabilité et déformation du solide (*Encyclopédie du savoir moderne*, 1976).

D'origine écologique, le concept de résilience n'est d'autre que la capacité d'un écosystème à "résister aux modifications de son évolution" (Dupuis, 1996). Elle consiste d'intégrer dans son fonctionnement une perturbation sans modifier sa structure qualitative, entre outre, capacité à se remettre du choc et à retourner à son état initial (par exemple, après le passage du feu dans la prairie, de nouvelles pousses apparaissent).

Sur le plan humain, la résilience fait suite à la crise qui occasionne la déstabilisation des activités humaines et appelle aux capacités de l'homme pour un relèvement immédiat pour assurer sa survie. Pour les humanitaires, le concept de résilience a divers contenus : réponse d'urgence à la crise, reprise communautaire de la crise, capacité d'anticipation pour éviter la crise, réponse à partir des capacités locales à résister aux dangers, processus de renforcement des capacités d'endurance ou d'encaissement des chocs mous ou durs…

1.2.1. Objectifs de résiliences urbaines

L'objectif prioritaire de résiliences urbaines est double : atténuer les chocs d'impacts de la crise environnementale, en adoptant de nouveaux mécanismes de survie et tenter de prévenir les risques de vulnérabilités. Pour ce double objectif, divers mécanismes urbains de gestion de crise environnementale sont démises pour tenter de réduire, tant soit peu, les vulnérabilités écologiques, économiques et sociales de la population.

Toutes les résiliences sont utiles, parce qu'elles visent à atténuer, à réduire les impacts ou effets de la crise environnementale profondément ancrée dans l'environnement urbain (bouffée ou ilots de chaleur, érosions, inondations, dégradation du sol, déboisement ou déforestation, insalubrité, pollution multiforme, etc.).

1.2.2. Critères caractérisant des résiliences

Au niveau urbain, il y a six critères qui caractérisent la résilience (PNUD,2016), notamment :

(1) participation communautaire : la communauté doit s'approprier ou se réapproprier le processus de résilience pour construire une réponse à partir des capacités locales, afin d'aider toutes les personnes de se remettre de la crise. L'on répond toujours mieux avec ses moyens de bord ;

(2) intégration de l'Etat : l'Etat doit accompagner les communautés pour mieux résilier aux crises et vulnérabilités ;

(3) pérennisation de l'action : le projet de résilience doit être une action durable dans le temps ; mais aussi, cette pérennisation doit amener les communautés à rompre avec la chaine de dépendance ;

(4) approche intégrée : cette approche vise à réduire, minimiser les risques de conflits, tensions ;

(5) intégration socioéconomique : cette démarche permet d'assurer la sécurité économique et sociale de toutes les catégories sociales vulnérables ;

(6) prévention/préparation : la résilience doit intégrer les mécanismes de prévention de réduction des risques en cas des aléas dus aux activités humaines.

Toutefois, les capacités humaines aux résiliences dépendent de l'éthique qui définit les bonnes pratiques de résiliences et les mauvaises pratiques.

1.2.3. Résiliences urbaines à Kinshasa

Face aux défis urbains accablants et à la destruction du tissu urbain de l'environnement global, les résiliences s'imposent de fait comme des moyens pour faire face aux problèmes urbains croissants et au péril urbain qu'ils peuvent occasionner. Par les résiliences, Il s'agit de stratégies de montée spontanée ou coordonnées pour résister et s'adapter aux chocs, afin de braver la crise environnementale systémique et inverser sa tendance pour tenter d'intégrer le changement survenu.

A Kinshasa, les résiliences urbaines sont des faits sociaux dynamiques. Elles dépendent de génie créateur de populations, des opportunités de l'environnement, de la nature des engagements et initiatives pris au niveau de la base, victime de la vulnérabilité.

La population kinoise, considère les résiliences urbaines comme des stratégies endogènes urbaines susceptibles de revitaliser le tissu urbain et son environnement humain, menacés de destruction par les effets de vulnérabilités environnementales. Elles constituent les armées de pauvres pour la survie urbaine, leurs capacités et aptitudes à répondre aux besoins primaires de leurs conditions de vie. D'où à Kinshasa, une frange importante de la population fonde son espoir de vie sur les résiliences qu'elle met en œuvre, sans relâche, au quotidien pour tenter de résister aux chocs des aléas et construire la vie et son lendemain face à des événements de vie difficile à supporter

A Kinshasa, « exister, c'est résister ». Dans sa vie quotidienne, la population refuse de se faire emporter par les effets de vulnérabilités. Au lieu de faire persister la crise dans la durée, les Kinois ont opté de vivre « au jour le jour » (Mbaya, 2006). Ce modus vivendi est ancré dans les réflexes quotidiens des habitants et leur permettent de tenter de faire face aux vulnérabilités à travers plusieurs mécanismes de survie.

Ainsi, parmi ceux-ci, il y a des stratégies assez saines et malsaines mises en œuvre par la population, pour renforcer sa capacité de résistance aux vulnérabilités qui l'acculent et la condamnent à la disparition.

Les mécanismes malsains de résilience aux vulnérabilités environnementales dans la ville de Kinshasa sont de plusieurs ordres :

- *en matière de logemen*t (« Kuzu », boîte de nuit, terrasse, voiture, boutique, « matanga », barge, conteneur, maison inachevée, salon... ;

- *en matière d'alimentation* : « malewa », tige, poulet « mayo », « ya jean », « nganda ntaba, ngulu », cuisse de poulet, « masoko ya dindon »...

- *en matière d'emplo*i : la vente de drogues et de l'alcool frelaté communément appelé « supu na tolo », la prostitution avec son cortège de conséquences sociales, recrudescence de filles-mères, de femmes répudiées.

Comble de situation dans ces mécanismes, Yoka (1996) souligne que le sexisme a gagné du terrain et s'est incrustée dans toutes les mœurs de la population kinoise. Ce phénomène n'a plus d'âge et s'effectue sans vergogne, au point que la dévalorisation de l'image de la femme est devenue monnaie courante dans notre société. Le choix pour la vie de la rue par certains enfants (« shégués ») ; le phénomène « pédé » ; la corruption ; les détournements de derniers publics, etc. :

- *en matière de santé :* guérisseurs, églises, prophètes, médecine traditionnelle… ;

- *en matière d'éducation :* pullulation d'écoles et universités privées sans infrastructures de base.

Toutes ces stratégies de lutte pour la survie deviennent de plus en plus courantes et s'imposent dans presque tous les quartiers. Elles n'ont pas de limite ; elles résultent de la détérioration du tissu économique, suivie d'une crise d'emploi (Ali Emedi, 2004). Ces activités se sont multipliées à Kinshasa, à tel point qu'elles limitent, dans une certaine mesure, le chômage. D'autre part, ces activités informelles permettent de faire face partiellement à plusieurs autres problèmes : main-d'œuvre, accroissement du niveau de revenu familial, réduction de vols, etc. Elles sont caractérisées par de la vitalité, mais exigent plus de créativité pour leur pérennisation.

1.2.4. De l'efficacité de résiliences urbaines à Kinshasa

Les résiliences urbaines kinoises ont des résultats assez faibles (efficacité relative), parce que la dégradation des conditions de vie des Kinois, surtout celle des groupes vulnérables, se poursuit inexorablement dans l'espace et dans le temps, avec leurs risques environnementaux multiples sur les individus, ménages et communautés urbaines. En considérant les risques environnementaux auxquels sont encore exposés les Kinois, il y a lieu de mettre en relief :

- *les risques politiques* : absence d'un Etat de droit, la mauvaise gouvernance, corruption, culture d'impunité, insécurité juridique, insécurité physique, conflits, tracasseries policières, exacerbation de criminalités, etc.

- *les risques écologiques* : déséquilibre de l'écosystème *urbs*, pollutions et intoxications inondations, érosions, prolifération de déchets, etc.

- *les risques économiques* : faible productivité, instabilité du cadre micro et macro-économique, pillages, pertes d'emploi, vols et détournements de biens économiques publics ou privés, prolifération des taxes, etc.

- *les risques sociaux* : impatiemment de salaires, salaires toxiques, insécurité sociale, perte ou manque de logement décent, périphérisation de la ville, ghettoïsation de la ville, conflits fonciers, absence d'énergie électrique, pénurie en eau potable, épidémies, endémies, décès précoces, avortements provoqués, faible taux d'alphabétisation, analphabétisation, absence ou sous-équipement en structures collectifs, etc.

Tous les risques n'ont pas disparu avec les résiliences mises en place. L'on observe que les résiliences ne font que voiler, sans pour autant résoudre efficacement les problèmes de la crise environnementale. La plaie (vulnérabilités) reste.

Toutefois, malgré la faible performance, la pertinence de l'approche des résiliences et l'utilité à leur recours dans la gestion de crises ou vulnérabilités environnementales urbaines kinoises sont nécessaires. Cependant, en dépit d'une forte motivation et d'un engouement très remarquable pour les résiliences à Kinshasa, il y a lieu de noter que sur le plan de l'efficacité de réponses aux menaces de risques de vulnérabilités est mitigée. Les actions de résilience semblent montrer une efficacité relative et à court terme. C'est pour dire que seules les résiliences à long terme ont la capacité de produire des effets significatifs sur les vulnérabilités.

En fait, la résilience qui est une organisation sociale traditionnelle à Kinshasa et en RDC, faute de rationalisation du processus et de la cohérence programmatique des actions, sombre dans le provisoire, le dérisoire. En effet, à Kinshasa, les résiliences sont une expansion spontanée d'initiatives individuelles se déroulant vaille que vaille, sans programmes communautaires intégrés (priorités). Elles sont l'œuvre de populations urbaines sans formation, ni revenu consistant et dépourvues de technologies appropriées pour engager des luttes durables contre les vulnérabilités urbaines.

Ce type de résiliences, caractérisé par l'absentéisme coupable de l'Etat est pernicieux et peut s'avérer, à la limite, nocif pour la population. A titre d'exemple, la nocivité ou la dangerosité de résiliences écologiques non assistées par l'Etat est vécue dans des stratégies de luttes antiérosives menées dans certains quartiers défavorisés de Kinshasa (Kinseso, Mont-Ngafula, Ngaliema, Selembao...). Une intervention irrationnelle accentue les érosions. Il faut une approche participative de l'Etat ou du pouvoir local, pour renforcer les rôles et les actions résiliences des individus et des communautés à la base.

Il y a lieu de signaler que toutes les résiliences qui sont de mise à Kinshasa ne peuvent nullement être efficaces, sans l'apport de politiques étatiques consistant à améliorer l'accès aux services de santé, d'éducation, à la justice, à la terre, aux infrastructures sociales de base (logements, routes, électricité, assainissements, télécommunication, etc.). Du reste, les vulnérabilités s'accroissent dans les quartiers défavorisés de Kinshasa et affectent plus de 50 % de la superficie urbaine, parce que les populations sont confrontées à de multiples problèmes : chômage, sous-emploi, analphabétisation, non-accès aux services sociaux de base, etc. Dans les quartiers défavorisés, face à la dégradation de la qualité de vie, la grande concentration de résiliences résiduelles n'est pas de nature à lutter efficacement contre les crises environnementales et les défis de vulnérabilités urbaines.

Ainsi, toutes choses étant égales par ailleurs, la mise en œuvre de programmes diffus, fragmentés et individualisés de résiliences urbaines à Kinshasa a difficile à s'adapter au contexte du développement durable

Chapitre 2
Inondation

Les catastrophes naturelles constituent aujourd'hui une préoccupation nationale et internationale. Les médias du monde entier présentent chaque année des images terrifiantes des catastrophes. Ces phénomènes impressionnants, d'origines naturelle ou humaine, affectent non seulement les esprits des populations concernées mais déstabilisent également les nations entières.

D'après les statistiques mondiales, en moyenne, il meurt 22,5 personnes par catastrophe signalée dans les pays développés, 145 dans les pays à développement et 1052 dans les pays à faible niveau de développement (Kinzezama, 2018).

De toute évidence, il est pratiquement impossible à l'homme d'empêcher les phénomènes physiques naturels (ouragan, séisme, éruption volcanique, sècheresse, épidémies, inondation etc.) de se produire.

En effet, les inondations font partie des catastrophes naturelles qui affectent le plus les sociétés humaines. Souvent qualifiée de risque naturel, elle est lourde de conséquences (pertes humaines, sociales, économiques et environnementales) tant pour les pays développés que pour les nations en développement bien que tous ne soient pas affectés de la même manière.

De 2010 à 2020, elles ont causé la mort de plus de cinq millions de personnes et bouleversées la vie de 800 millions d'autres (UNESCO, 2023). En 2014 on a récence près de 200 inondations de grande ampleur dans le monde, responsables de la mort de plus de 200 000 personnes et un déplacement de près de 51 millions d'individus. (Flou Observatory, 2016) Les dégâts ont été estimés à 7500 milliards de dollars américains.

En Afrique ce phénomène est bien connu, surtout en milieu urbain. Toutefois, il est considéré comme une véritable préoccupation, étant donné que les villes de ce continent, déjà meurtries par la pauvreté, subissent régulièrement les dégâts liés à ce phénomène. Ces villes sont particulièrement touchées à cause de leurs fortes densités humaines et d'un aménagement qui échappe au respect des normes urbanistiques. Il règne donc au sein des villes d'Afrique noire une anarchie qui débouche sur l'occupation des bas-fonds, des plaines inondables sans aucun encadrement sécuritaire.

En RDC, les provinces du Sud-Oubangui, d'Ituri, du Kwilu, de Kinshasa... sont fréquemment touchées.

2.1. TYPOLOGIE

Il existe plusieurs types d'inondations (Veyret et al., 2004), à savoir :

- *inondations rapides* : c'est une inondation dont le temps de concentration des eaux est inférieur à 12 heures.

- *inondations lentes ou de plaine* : ici la montée des eaux s'effectue à un rythme lent. Elle est liée à la fois à des pluies prolongées.

- *inondations par ruissellement urbain* : elles sont liées à l'inadéquation des ouvrages d'évacuation des eaux pluviales et à l'imperméabilisation des surfaces.

- *inondations par torrent* ; elles se produisent lorsque des cours d'eau chargés dévalent les pentes.

- *submersion marine* : c'est une inondation des zones côtières liée soit à la rupture d'un cordon dunaire ou d'une digue, soit à des vagues de fortes amplitudes entraînées par des glissements sous-marins.

- *inondation estuarienne* : Elle est due à la conjonction d'une crue fluviale et de la marée ce qui entraîne le ralentissement voire le blocage de l'évacuation des eaux.

- *inondations par remontée de la nappe* : La remontée du niveau de la nappe ou remontée de capillarité peut entraîner des inondations lors des fortes pluies

En ce qui concerne les remontées de capillarité, on peut distinguer de manière empirique : les remontées « out door » : Elles se produisent sur sol libre, lors d'un gonflement du niveau des nappes d'eau souterraines. Les remontées « in door » : Elles se produisent sur le sol bâti, sous la forme courante, elles se manifestent par une humidification dangereuse des bases du mur jusqu'à une hauteur maximale 1,50m ; sous la forme prononcée, par contre, elles se transforment en eaux résurgentes qui se répandent dans la maison.

2.2. LES INONDATIONS A KINSHASA

La ville de Kinshasa, connaît des inondations fréquentes. Les inondations s'amplifient année après année. Plusieurs facteurs sont à l'origine de ce phénomène.

2.2.1. Facteurs causales d'inondations à Kinshasa

Les différents facteurs majeurs qui sont à l'origine des d'inondations à Kinshasa sont les suivants : l'abondance des précipitations, la mauvaise urbanisation, le dysfonctionnement des réseaux de drainage, la destruction des couverts végétal, la croissance démographique, l'ignorance des lois écologiques, l'absence d'aménagement des cours d'eaux, etc.

2.2.1.1. De l'abondance des précipitations

Kinshasa est une zone tropicale humide avec huit mois de pluviométrie dé passant la moyenne (saison de pluie) et quatre mois de pluviométrie en déca de la moyenne (saison sèche). L'abondance des précipitations est le principal facteur explicatif des crues et des inondations dans la ville de Kinshasa. On distingue deux types des averses qui sont à l'origine des inondations : les averses durables et les pluies de type orographique.

Les averses durables sont moins brutales, elles comportent des séries d'averses successives entrecoupées de périodes de tranquillité, mais elles sont tout aussi dévastatrices. L'exemple de la crue la plus représentative est celui de novembre 2019 qui fut inondée plusieurs semaines les zones qui longent le fleuve Congo.

Quand à ce qui concerne les pluies orographiques, ce type de précipitations résulte de la rencontre entre une masse d'air chaude et humide et une barrière topographique particulière. Les caractéristiques des précipitations orographiques dépendent de l'altitude, de la pente et de son orientation. En général, elles présentent une intensité et une fréquence assez régulières (Ntombi, 2019). D'après l'auteur précité, les inondations fréquentes survenues à Kinshasa sont celles de grands débits d'eau dues à divers facteurs (basse altitude), faible conductibilité hydraulique des sols alluvionnaires, aux mauvais drainages des eaux pluviales.

2..2.1.2. De la mauvaise urbanisation

L'urbanisation, c'est le processus de développement des villes et de concentration des populations dans les villes (Mérennes, 1981). L'urbanisation n'est pas un processus spontané, incontrôlé, désordonné. Elle doit être cadrée et réalisée grâce à l'aménagement qui en définit l'opérationalité, afin d'éviter les vulnérabilités qui accompagnent les mauvaises pratiques de l'urbanisation.

Cependant, à Kinshasa, les occupations urbaines spontanées sont légion (67,3 %), (Ndemi, 2017). Elles attestent un mode d'urbanisation anarchique, désordonnée. Ce contexte de crise d'aménagement et d'urbanisation détruit l'équilibre dynamique des écosystèmes urbains existants : cours d'eau, forêts, voirie, etc.

A Kinshasa, l'urbanisation incontrôlée entraine des agressions environnementales qui, à la limite, vont en faveur de la disparition des écosystèmes naturels dans leurs aspects biotope et biocénoses. Cette crise spatiale multifonctionnelle et multidimensionnelle renforce les vulnérabilités écologiques urbaines (Munkuamo, 2016). Cette manifestation de la crise environnementale qui rende vulnérable la population Kinoise est des faits et conséquences de l'absence de l'aménagement et d'une urbanisation incontrôlée.

En effet, dans la ville de Kinshasa, hors mis les quartiers construits avant l'indépendance, la plupart de quartiers de l'après l'indépendance souffrent de manque d'urbanité et ont comme dénominateur commun : l'auto-construction. Trois principales causes sont à la base de cela, à savoir : la mauvaise gouvernance environnementale, l'absence d'une politique d'urbanisation après l'indépendance et la poussée démographique incontrôlée due à l'exode rural. Tous ces faits précités sont à la base du lotissement anarchique qui ont envahi plusieurs communes de la capitale qui sont aujourd'hui des spectacles de désolation en saison des pluies.

2.2.1.3. De dysfonctionnement des réseaux de drainage

Le processus d'urbanisation s'accompagne de la voirie. Par celle-ci, les urbanistes entrevoient non pas seulement les routes, mais également un ensemble complexe d'autres voies connexes d'acheminement de services sociaux, pour des fins urbaines diverses : assainissement et drainage des eaux usées pluviales et domestiques, conduites souterraines de câbles d'énergie électrique pour l'éclairage urbain, conduites primaires d'eau potable connectées aux voies secondaires et tertiaires du réseau maillé urbain, lignes de passage de câbles de communication, etc.

La voirie relève du domaine public par sa fonction circulatoire, la voirie est le lieu de réalisation intense de plusieurs activités urbaines. Dans la mise en œuvre de son architecture, la voirie est une structure qui doit impérativement participer à la fois à la forme urbaine, la beauté et à l'amélioration de la qualité du cadre de l'habitat (Ndembi, 2017). Or, dans ces caractéristiques, si la fonction circulatoire urbaine est la plus importante, alors la notion de la voirie suppose une réalité holistique.

A Kinshasa, la voirie urbaine pose de sérieux problèmes à la population. A Kinshasa : les problèmes de la voirie qui accablent les quartiers sont multiples et convergents. Tous ces problèmes surviennent suite à plusieurs contextes de l'environnement urbain : mal gouvernance politique, ignorance des lois écologiques, déficit de l'éthique environnementale, insouciance généralisée du maintien des patrimoines, vétusté et dégradation de la voirie, sous-dimensionnement et inadaptation de la voirie, rupture de l'équilibre naturel de l'environnement urbain, etc.

A cause de ce dysfonctionnement de la voirie, plusieurs quartiers à Kinshasa sont victimes de plusieurs types d'inondations. Il s'agit d'inondations dues aux crues de cours d'eaux, aux ruissellements et aux torrents boueux.

2.2.1.4. De la croissance démographique et spatiale

La poussée démographique urbaine de la ville de Kinshasa est rapide et montre une tendance à une hausse exponentielle. La population a entre 2005 et 2018, augmenté à Kinshasa à cause de : exode rural, espoir de gagner une vie meilleure en ville, soutient électoral à quelques candidats politiques, étude, conflits armés, etc. Kinshasa a regorgé 6.400.000 habitants en 2007 et pourrait atteindre 25.000.000 d'habitants en 2025. Cette démographie exponentielle induit une surconsommation de l'espace et la destruction de l'équilibre de l'environnement naturel urbain.

Pain (1975) fait remarquer que la ville de Kinshasa est un écosystème *urbs* en déséquilibre à cause de sa poussée démographique extraordinaire et de la surexploitation des écosystèmes. Le nombre des ménages surpeuplés vivant dans une parcelle menace l'équilibre sanitaire, social et environnemental.

La poussée démographique incontrôlée est l'une des facteurs qui entrainent des inondations à Kinshasa. Face à cette croissance démographique forte, la nécessité et le besoin de l'espace se font sentir. L'augmentation de la population entraine l'occupation anarchique et spoliation des espaces non aedificandi. C'est ainsi que les espaces non appropriés aux constructions sont littéralement occupés sans respect de normes urbanistiques foncières et environnementales. C'est l'une des causes des inondations dans le milieu d'étude.

2.2.1.5. De l'ignorance des lois écologiques

La connaissance est une dimension importante de la conscience. A propos de la dégradation environnementale de la ville de Kinshasa, une autre cause non négligeable c'est l'ignorance des lois écologiques par les citoyens. le comportement de la population urbaine et sa perception des problèmes environnementaux constituent des éléments nécessaires pour comprendre les réalités vécue.

Il faut combattre l'ignorance et l'inconscience d'une part et d'autre part procéder et appliquer l'éthique écologique. La gestion urbaine suppose la connaissance et la conscience en matière d'urbanisation en particulier. Etant donné le manque de culture urbanistique et environnementale, la population qui augmente de façon exponentielle se livre facilement à la violation des normes établies et à l'occupation de fois des espaces interdit à l'occupation. Il faut donc informer la population, la conscientiser, l'éduquer et lui inculquer l'éthique environnementale, grâce à une contribution participative. Il faut une forte sensibilisation pour que l'humanité intègre le nouveau sens de l'écologie intégrale à tous les niveaux : familles, écoles, places publiques, églises, etc.

2.2.1.6. Absence d'aménagement des cours d'eaux

Les rivières de Kinshasa posent un problème. Elles ne sont pas curées. D'abord le long de ces rivières, les occupations anarchiques sont légion. En plus, les quantités des sables qui sont amenés dans ces rivières à partir des zones collinaires (commune de Makala, Selembao et autres), ces sembles rentrent dans les rivières et réduisent le tirant d'eau de ces rivières. En plus, les gens ont construit sur les caniveaux et tous les déchets y sont jetés. Lors de fortes pluies, ces caniveaux, bouchés, ne peuvent plus conduire l'eau à l'exécutoire.

Les inondations survenues ces dernières années, à Kinshasa et au Sud Oubangui, entraînant plusieurs morts, des pertes matérielles et le déplacement de beaucoup de personnes, n'ont fait que révéler la vulnérabilité du territoire national à ce phénomène.

La pluie qui s'est abattue sur la ville de Kinshasa dans la nuit de 04 au 05 avril 2025 a inondé plusieurs communes, notamment : Mont-Ngafula, Matete, Ndjili et Limete. Ce phénomène impressionnant a causé des pertes énormes dans le secteur écologique, économique, ainsi que dans le secteur social. Il a occasionné plus de 30 morts (Ministère de l'intérieur en RDC, 2025). Evidemment, sans compter les autres effets : dommages matériels, dommage aux infrastructures et à l'environnement perte d'habitat, perturbations de services (trafic, station, etc.), déstabilisation de ménages, perte de la biodiversité, pollution, plusieurs voitures emportées, risques sanitaires, épidémies, déplacement massif de la population,

À cet effet, la plupart des victimes se trouvent dans les quartiers défavorisés abritant la couche de population démunie.

Cependant, en dépit des efforts consentis par les autorités urbaines à la mise en œuvre des projets d'assainissements pour contourner cette contrainte, les limites des opérations d'assainissements comme réponse aux inondations sont tangibles.

2.2.2. Conséquences dues aux inondations

2.2.2.1. Sur le plan écologique :

Sur ce plan, il y a fragilisation de l'environnement global et des éléments basiques de l'écologie urbaine, dégradation des écosystèmes naturels, déséquilibre de l'écosystème '*Urbs*', altération des services écosystémiques, modification de conditions écologiques urbaines, transformation de processus écologiques du milieu, non renouvelabilité ou perte de pouvoir de recyclage des ressources environnementales par les écosystèmes naturels; destruction de l'habitat et de la biodiversité biologique urbaine , diminution de productivités des écosystèmes naturels urbains, pollutions et nuisances, dégradation de la végétation, stagnation d'eaux le long d'avenues, émergence de phénomènes climatiques extrêmes , menaces de calamités naturelles , altération des conditions bioclimatiques optimales du milieu urbain, érosions et destructions de terres arables , variabilité de paramètres morphologiques et de la dynamique de cours d'eau, ensablement, accès difficile aux voies publiques, menaces de survie d'activités agropastorales, insalubrité publique, inesthétique de la ville, insécurité écologique, mise en chantier d'un contre modèle de développement écologique, etc.

2.2.2.2. Sur le plan économique :

Les inondations engloutissent des ressources naturelles du milieu et entraînent : la perte de ressources alimentaires, la contamination de ressources en eau, l'affaiblissement de l'économie de ménages, la détérioration de la santé humaine, la destruction ou la fragmentation des infrastructures, etc. ; délabrement ou destruction des structures de production des entreprises locales, détresse économique des entreprises de production, diminution de la croissance économique, enregistrement de baisses substantielles de revenus, fermeture de quelques entreprises économiques de production du quartier, fragilisation économique des ménages par la faiblesse ou l'absence de revenus occasionnant la pénurie de moyens de subsistance, incapacité des ménages à assurer les besoins fondamentaux de ménage, indisponibilité et insécurité alimentaires, crise nutritionnelle au niveau des ménages (sous-alimentation, mal nutrition ou la faim cachée, délestage des repas, famine), etc.

Godard (2006) note que toute ville qui dégrade les composants naturels environnementaux (sol, cours d'eau, biodiversité, roches, etc.) est vouée au risque de vulnérabilités économiques, sources de dysfonctionnement, de crise environnementale.

2.2.2.4. Sur le plan social :

Les inondations perturbent généralement et désorganisent la vie sociale, professionnelle et familiale : crise généralisée du secteur social (éducation, santé, routes, moyens et voies de communication, eau potable, électricité, terres cultivables, élevages), perturbation du trafic (à chaque inondation, la population est contrainte d'utiliser des pirogues pour les déplacements), déplacement des habitants sur le longs trajets à pieds, maisons et voitures emportées, instabilité de ménages (déménagement , changement brutal des modes de vie dans des sites mal aménagés), etc.

Les inondations provoquent des pertes directes et indirectes en vies humaines. Les décès sont occasionnés par les noyades ou par la chute des murs ou l'écroulement des maisons surtout lorsque les inondations sont brutales et se produisent pendant la nuit de façon inattendue. Cependant, la plupart des décès sont provoqués par des effets collatéraux : la famine, les maladies d'origine hydrique (choléra, fièvre typhoïde, paludisme, maladies diarrhéiques, parasitoses gastro-intestinales), l'humidité et des conditions malsaines générées par la stagnation des eaux, etc.

Au point de vue sanitaire, la situation est d'autant plus dramatique que les latrines ordinaires que l'on trouve dans la plupart des parcelles de Kinshasa, sont généralement construites sous forme d'un simple puits avec un abri précaire en sac de jute ou en tôles. Lors des inondations, les latrines sont inondées, les matières fécales refluent et surnagent à l'air libre dans les parcelles et les rues occasionnant la pollution fécale et aggravant les risques d'éclosion des épidémies. Ces milieux malsains ainsi créés constituent des lieux par excellence de multiplication des parasites et de pullulation des hôtes intermédiaires des diverses maladies notamment les moustiques, les mollusques de genres *Bulinus* et *Planorbis* qui transmettent la schistosomiase.

En situation d'inondations pluviales à Kinshasa, le grand risque de vulnérabilité environnementale est sanitaire. Pour Bouvier (1990), les pathologies associées aux inondations pluviales sont soit les maladies virales (fièvre typhoïde, choléra et hépatites.) soit vectorielles (paludisme). Ces pathologies sont effectivement dominantes. Elles émergent de façon fulgurante à Kinshasa et persistent dans le milieu. En vertu de cela, elles constituent une menace épidémiologique grave dans la ville basse de Kinshasa (Barumbu, Limete-Kingabwa, Limete-Salongo, Kalamu-Kimbangu…).

Le tableau 2.1 présente les différentes inondations violentes survenues à Kinshasa (2010-2025) et leurs impacts sur l'environnement biophysique et humain (rapport OCHA, 2024)

Tableau 2.1 : Différentes inondations majeures survenues à Kinshasa (2010-2025)

Date	Durée	Impact
4 -5 avril 2025	02 jours	30 morts, perte matérielle, maisons écroulées, plusieurs ménages sans abris, les voitures emportées, le pont de la rivière Ndjili cassé, le quartier inondés, perturbation de trafic
1 - 2 avril 2023	02jours	6 morts, 3000 ménages sans abris, plusieurs maisons effondrées, plusieurs voitures disparues, les champs ravagés
13 -14 déc. 2022	02 jours	200 morts, routes coupées, 450 maisons emportées, glissement de terrain, plusieurs champs ravagés
17 mars 2021	01 jour	4 morts, glissement de terrain, plusieurs maisons écroulées, plusieurs ménages déplacés, les champs dévastés
3-4 janv. 2018	02 jours	44 morts, dégâts matériels, installation de la SNEL endommagées, plusieurs quartiers privés d'eaux et d'électricité.
8 février 2017	01 jour	Maisons inondées, murs écroulés, routes impraticables
16 mars 2016	01 jour	Plusieurs ménages sans abris, plusieurs maisons écroulées, les marchés inondés, la route Matadi coupée
8 octobre 2015	01 jour	31 morts, plusieurs quartiers privés de l'eau, plusieurs ménages déplacés.
12-13 jan. 2014	2 jours	2 morts, Plusieurs blessés, trafic perturbé, stagnation sur les avenues dure plusieurs jours, prolifération des moustiques, des maisons effondrées, les ménages déplacés.

25-26 nov. 2012	2 jours	41 morts, dégat matériels énormes, création de têtes d'érosions, coupure de la route CECOMAF, jardins inondés.
18 déc. 2012	01 jour	Routes impraticables, maisons effondrées, dégât matériel énorme, sites érosifs
21 avril 2010	01 jour	5 morts d'une même famille, plusieurs maisons et mûrs effondrés, plusieurs dégâts matériels, le trafic perturbé, 3 élèves électro

Source : *Rapport OCHA, 2024.*

Les statistiques du tableau 2.1, renseigne que les inondations ont des conséquences majeures qui vulnérabilisent l'environnement de la ville de Kinshasa

Les risques sont grands dans les agglomérations de la partie basse de la ville : Kalamu, Makala, Ngaba, Limete tronçons Mopono-Bongolo, Victoire-Lumumba et Victoire-Bongolo, Barumbu (à proximité de Ndolo), Kasa-Vubu, Lingwala, Bandalungwa, dans la vallée de la Lubudi dénommée Makelele, etc. (Kashama, 2011).

Les inondations fréquentes survenues dans les milieux kinois sont celles de grands débits d'eau, dues à divers facteurs (basse altitude), faible conductibilité hydraulique des sols alluvionnaires, au mauvais drainage des eaux pluviales… D'autres inondations, couramment rencontrées sont celles qui se développent in situ : parcelles, rues, places publiques, stades, provoquant des crevasses et excavations d'origines diverses. S'agissant des inondations avec écoulement d'eau et sans écoulement d'eau (in situ) de la partie basse de la ville, les variables qui amplifient la vulnérabilité écologique des zones affectées sont : le sous-équipement, la mauvaise conservation des réserves foncières de maintien de berges, l'habitat précaire, la mauvaise qualité de latrines, le manque de moyens de subsistance.

2.3. FACE À LA VARIABILITÉ PLUVIOMÉTRIQUE ET CATASTROPHES NATURELLES.

Un aspect sur lequel se fondent les perceptions locales de changement climatique à Kinshasa est la variabilité pluviométrique. Cette dernière a deux grands impacts et vulnérabilités corrélés sur les étendues physiques de bassins et sous-bassins versants de la région de Kinshasa, à savoir : les inondations et débordements de cours d'eau pour occuper les autres espaces urbains aux voisinages (lit majeur, agglomérations). Pour tenter de réduire les impacts et les vulnérabilités de ces deux aléas hydrologiques (destruction d'habitations, de champs de cultures, coupure de voies de communication routières, etc.), diverses stratégies ou actions concrètes de lutte et de prévention (résiliences) aux inondations et débordements des eaux, ainsi que celles d'arrêts de circulation de personnes et de leurs biens sont développées au sein de communautés urbaines, pour limiter ou éviter les désastres et sinistres matériels et humains.

Les moyens de résiliences aux inondations et débordements d'eaux pluviales réalisés à l'époque coloniale sont : collecteurs de grand calibre d'eaux pluviales à ciel ouvert ou enterrés dans les zones urbaines habitées et planifiées (Gombe, Kintambo, Bandalungwa, Lemba, Matete, Kalamu, KasaVubu, Limete, etc.), tranchées bétonnées ou glissières… Par contre, d'autres mécanismes urbains de résilience pour lutter et/ou prévenir les risques d'inondations et débordements d'eaux pluviales de bassins versants drainées par les cours d'eaux permanents et non permanents (eaux pluviales torrentielles) des zones géographiques urbaines sont typiquement endogènes et se créent selon les moyens et la disponibilité des acteurs : utilisation de sacs de sable et d' ordures ménagères ou tas d'immondices pour l'endiguement de quartiers contre les inondations (Ndanu/Limete-Kingabwa), accumulation ou tassement d'épaves de véhicules sur des berges de rivières, pour contenir les eaux en débordement (la Kalamu, la Yolo, la Bitshaku tshaku), déguerpissements volontaires de populations victimes d'inondations et de débordements, émigrations en saisons pluvieuses de certains résidents des zones inondables (Dingi-Dingi, vallée de la Makelele, etc.), passerelles de fortune (troncs d'arbres, madriers) sur les cours d'eau inondés (la Yolo, la Kalamu), utilisation de pirogues sur certains cours d'eau débordés ou inondés pour les traversées (rivières Kwambila, Ndjili supérieure,), transport de personnes sur le dos (la Mangu), etc.

Tout ce qui précède pousse à dire que les mécanismes endogènes kinois de résiliences urbaines aux problèmes d'inondations de cours d'eau et de débordements d'eaux pluviales sont encore faibles, sur les plans de capacité technique, financier et organisationnel des acteurs de terrain. Leurs mises en œuvre ne constituent pas encore des réponses systématiquement efficaces, efficientes et durables, afin de préserver les bassins versants hydrologiques et les habitants qui y résident de vulnérabilités de toutes sortes liées aux hydro-systèmes.

2.4. STRATÉGIES POUR LA RÉDUCTION DES RISQUES

Pour faire face aux inondations qui vulnérabilisent l'environnement global de la ville de Kinshasa, et améliorer les conditions de vie, urbaine, plusieurs actions d'ordre technique, organisationnel et financier doivent être mises en place.

L'Etat congolais devrait améliorer les conditions de vie de la population à travers l'assurance de logements décents et l'entretenir les infrastructures de base en vue de réduire les risques et le choc des inondations ; il devrait mettre à jour des documents de planification afin de maîtriser l'occupation du sol en zones inondables et établir des critères objectifs de priorisation des actions dans le plan national de protection contre les inondations.

Il devrait prévoir un plan d'action efficace pour résoudre la question d'inondation dans la ville de Kinshasa. Entre autres, l'articulation des documents de planification afin de maîtriser l'occupation du sol en zones inondables et établir des critères objectifs de priorisation des actions dans le plan national de protection contre les inondations. Organiser de campagne de sensibilisation, pour que la population adopte des comportements responsables pour l'environnement

Les Kinois à leur tour doivent apprendre à devenir les éco-citoyens, en évitant des constructions anarchiques, le rejet des ordures dans les caniveaux ou dans les cours d'eaux, à utiliser des digues et à restaurer le milieu naturel (planter les arbres et la pelouse) dans les quartiers.

Chapitre 3
Erosions

L'environnement en RDC présente un enjeu écologique et socio-économique important ; il contribue au développement économique du pays. Cependant, l'on observe depuis quelques années, qu'il est devenu le plus vulnérable aux dégradations lié aux activités anthropiques exercées sur les ressources naturelles qui, aujourd'hui, sont largement perturbées. L'un des aspects de cette dégradation réside dans l'érosion hydrique des sols qui s'accélère d'une façon alarmant au cours de ces derniers déceins.

L'érosion hydrique est un phénomène spatial et temporel consistant en un arrachage, un transport et un dépôt de particules du sol, sous l'effet de l'eau, provoquant des conséquences très néfastes aux milieux naturels ou la productivité de la terre et de la qualité des eaux sont menacés. (FAO, 1994), Les facteurs de l'érosion qui influencent les phénomènes érosifs associent le sol, l'occupation du sol, la topographie et le climat.

3.1. ASPECTS CONCEPTUELS

L'érosion est un processus de dégradation et de transformation du relief, des sols, des roches, berges et littoraux qui est causé tout agent externe (Wouters et Wolft, 2010).

Le concept « érosion » vient du verbe latin *erodere* qui signifie « ronger ». Elle représente l'ensemble de phénomènes qui contribuent, sous l'action d'un agent d'érosion à modifier les formes de relief que sont les sommets de plateau, les rebords de plateau, les talus, les corniches, les terrasses ainsi que les versants. Cette modification se fait par ablation de matières (sol et roches), mais aussi par accumulation de la matière arrachées (‘Domingo, 1996). L’érosion peut désigner le ravin ou ravinement. Le ravinement est un stade avancé de l’érosion en rigole où les canaux de surface ont creusé leur talgweg à tel point que le travail du sol ne suffit plus à le combler (Lopanza et al., 2020).

3.2. TYPOLOGIES D’ÉROSIONS

Le type d’érosions fait référence aux différentes manières dont la terre est érodée par des agents naturels. Selon Derruau (2001), l’érosion implique une désagrégation superficielle de la roche ou du sol, appelée météorisation qui peut être initiée par les agents climatiques : le vent (érosion éolienne), l’eau (érosion hydrique), les matières solides (érosion mécaniques, la chaleur (thermodastie). Ainsi, il convient de distinguer plusieurs sortes d’érosions, notamment :

- l’*érosion hydrique* : est la plus courante, elle est causée par l’action de l’eau et concerne et concerne l’érosion des rivières ou du littoral.

- l’*érosion éolienne*, due aux mouvements du vent, est plus particulièrement présente dans la région acide et les déserts. Elle se produit dans les rues et avenues et s’observe sous forme des nuages de poussières. Elle apparait souvent au cours de la saison sèche, lorsque les champs sont en friche.

- l’*érosion glacière :* est causée par le mouvement des glaciers qui érodent les paysages par frottement.

- *érosion anthropogène :* Aujourd’hui, les activités humaines présentent le principal facteur de la dégradation des sols. Il s'agit talque : la déforestation, l'agriculture intensive, la construction, etc.

Chaque type peut se manifester des différentes manières, avec des formes spécifiques comme les ravines, les coulées de boue

3.3. PÉDOLOGIE DE LA VILLE DE KINSHASA

La connaissance de la typologie et de la composition du sol est une donnée écologique fondamentale. En tant qu'élément du biotope ou support de la vie, il faut connaître ce substrat pour l'utilisation efficace et durable du sol de l'environnement. En effet, les qualités physiques, chimique et biologique du sol déterminent le type de végétation dans la région, la pédo-faune et les possibilités ou limites de l'agriculture, pour la sécurité alimentaire. C'est en se présentant comme le support de la vie et le substrat de conditionnement de la productivité agricole que le sol figure sur la liste des ressources naturelles.

Le sol varie d'un milieu à un autre. Sa typologie est déterminée par la lithologie, la composition minéralogique de la roche mère, la géomorphologie, le climat, les éruptions volcaniques, la végétation, les activités anthropiques…Ces facteurs déterminent la pédogénèse, la minéralisation du sol, la structure et la texture du sol, la couleur du sol, etc.

Makanzu (2014) détermine deux types de sols dans la ville de Kinshasa, à savoir : - acrisols – hapliques, qui sont des sols sableux, très profonds, lessivés et presque pas argilés en surface. Ce sol est peu favorable à l'agriculture durable à cause de sa teneur élevée en sable de dimension variée. La composition granulométrique de ce sol comprend : argile (3,4 %), limon (5,6 %) et sable (91,0 %).

Ce sol posséderait une densité volumique d'environ 1,21. Le sable se retrouve sur toute l'entendue superficielle et peu profonde de sols de Kinshasa. Les fortes proportions d'argile sont confinées majoritairement dans les vallées profondes.

Sur le plan agricole, le sol de Kinshasa est pauvre. Quant à la conductivité hydraulique, BEAU (2006) souligne que la constance de conductivité hydraulique (K) expérimentale pour un profil pédologique, d'une couche, d'une épaisseur de 0 à 2 mètres de profondeur, varie entre 210.5 :‹ K ‹ 2.10-1 : zones à sol perméable (forte dominance de sables grossiers) et 210.5,10-6 ‹ K ‹ 10-3 : zones à sol semi-perméable (forte dominance de sables fins de couleurs variables)

Cette conductivité hydraulique contribue au lessivage et à l'appauvrissement chimique de ce sol. Toutefois, des sols alluvionnaires sont disséminés à Kinshasa et se retrouvent en grande concentration dans les vallées et les lits majeurs de rivières, suite aux différents épisodes de débordements et inondations de cours d'eau du réseau hydrographique de cette région. Les lits de la Ndjili et de la Nsele sont, de manière permanente, favorables à l'agriculture, à cause de ce type de sols alluvionnaires. C'est ainsi que plusieurs ménages pratiquent dans ces sites l'agriculture intensive de riz, de légumineuses et de fruits, pour la subsistance familiale ou le commerce, en terme de résiliences aux vulnérabilités environnementales.

Hormis le sol précédemment décrit, sur le plan agricole, le sol de Kinshasa est pauvre. Plusieurs raisons expliquent la pauvreté du complexe pédologique de cette région, à savoir :

- forte acidité du sol induite par la présence d'un taux élevé de silice dans sa composition minéralogique ;

- lessivage régulier du sol, à cause de sa forte conductivité hydraulique ;

- absence très étendue de la végétation, impossibilité d'humification et de formation de complexes argilo-humiques, pour la facilitation de transferts de minéraux indispensables pour la croissance végétale ;

- érosion, éboulement de sols dans les zones en pente et pertes considérables de ressources ;

- mauvaise gestion des eaux usées dans les agglomérations et pollution du sol ;

- prolifération de sachets en plastique dans le sol et difficulté d'infiltration des eaux pluviales ; etc.

Toutes ces causes précarisent l'agriculture urbaine, exposent les Kinois à plusieurs risques, réduisent la productivité agricole et l'accès aux ressources alimentaires, créent l'insécurité alimentaire ainsi que la vulnérabilité sociale et sanitaire des populations de la ville Kinshasa.

3.4. TOPOGRAPHIE EN VILLE

La nature du relief est une condition essentielle dans l'acceptation ou le refus d'implantation d'une cité ou d'une ville. Car, c'est le relief qui définit la situation topographique du milieu naturel urbain. Sa détermination doit faire l'objet d'une cartographie propre. Celle-ci vise à exprimer les variations d'un site en fonction de différentes courbes de niveau. L'on distingue quatre types principaux de relief, à savoir : plaine (moins de 4 %), plateau (zone fortement dénivelée), vallée (moins 1 %) et colline (5 %). Tout le site dépassant 8 % de pente est vulnérable, surtout aux occupations spontanées (Ndemi, 2017). En ville, les collines et vallées sont des conditions géomorphologiques qui présentent beaucoup de risques à cause de leur niveau de pentes. Elles sont classées comme de zones non constructibles (zone non aedificandi). L'on doit savoir que les niveaux ou cotes topographiques (x, y, z) qui entourent un milieu urbain ainsi que de la nature du relief du site (très plat, plat, faiblement ondulé, ondulé, très ondulé), caractérisent certaines sensibilités écologiques du terrain : température, pression, précipitation, sens du vent dominant, écoulements des eaux surfaciques, orientation du sens de drainage des eaux usées pour l'assainissement urbain, risque d'érosion, etc.

3.5. FORCES DE L'ÉKISTIQUE

L'ékistique est une branche de l'écologie humaine qui donne des normes, principes et lois pour la création d'une ville Elle s'occupe de l'organisation des établissements humains dans les écosystèmes urbains.

En effet, la ville est un anthropo-écosystème. Son équilibre (physique, économique, social etc.) est fragile. L'on doit donc tenir compte de la nature de cet équilibre dans l'organisation de l'espace urbain, aussi bien au niveau horizontal que vertical. En effet, lorsque les interventions humaines se font pour la transformation du milieu biophysique ou naturel en vue de son urbanisation, beaucoup de déséquilibres environnementaux naissent. Ainsi, il est important de veiller aux réalités ou exigences écologiques des sites à urbaniser, afin de préserver l'équilibre entre le naturel et l'artificiel (humain). Cette nécessité fait partie de la condition de durabilité urbaine. Elle permet d'éviter de produire, par des effets de retour, une contre-urbanisation.

C'est pourquoi, les relations, interrelations, échanges, interactions, dynamiques, et évolution qui caractérisent tout espace au site doivent être perçu comme des éléments constitutifs de forces ékistiques. Celles-ci doivent être connues et intégrées, car elles définissent les aptitudes, les contraintes ou limites, la possibilité ou l'impossibilité d'organisation des espaces urbains dans divers environnements. Pour cela, l'urbanisme actuel doit faire des forces de l'ékistique son catéchisme d'urbanisation. Elles ont qualité de « lois naturelles » (principes agissant seuls ou spontanément en vertu de leurs propres dynamismes intérieurs) et interviennent pour guider les urbanistes et autres hommes dans le processus de création des implantations, des agglomérations humaines, respectueuses de l'ordre urbain.

3.6. FORCES DE GRAVITÉ

Il s'agit des forces naturelles qui poussent tous les systèmes existants dans la nature vers le bas, en direction de la terre où se retrouve le centre de gravité. En effet, tout système qui existe sur la terre est soumis aux contraintes de forces de gravité, du fait de sa proximité avec la terre dont le noyau forme le point focal de la gravité terrestre. Ainsi, dans les implantations humaines urbaines, la géomorphologie est un facteur qui a un poids considérable dans la détermination de l'intensité et de l'ampleur de forces de l'ékistique. Ces forces qui dépendent de la géomorphologie révèlent que les établissements humains stables sont ceux qui sont implantés sur des zones basses ou plates (plaines, plateaux) par rapport à ceux de zones hautes ou déclives. Cela invite l'aménageur à concentrer les agglomérations humaines urbaines sur des terrains de stabilité topographique (topostabilité) qui sont formés des terres plates et basses.

La faible pente ou turbidité naturelle de zones situées sur la plaine joue plausiblement en faveur de l'existence de faibles énergies internes, facteur du milieu réduisant ou annulant les désordres énergétiques environnementaux. Ceci, contrairement aux zones d'occupation collinaires qui sont instables et fragiles, à cause de la forte entropie inhérente à leur environnement géophysique (roches, sols, pentes). Il faut dire que les érosions, les éboulements, les destructions des structures sont monnaie courante sur les zones collinaires déclives, du fait de la manifestation de ces forces de gravité sur le milieu naturel. D'où, pour faire face aux désordres pouvant être dus aux forces de la gravité sur les zones collinaires, il faut, au préalable préciser que ces sites doivent faire l'objet d'un aménagement spécifique.

3.7. FORCES DE GÉOGRAPHIE

L'urbanisme du 3è âge et la durabilité urbaine doivent dépendre étroitement de la qualité de l'aménagement urbain : spatial, hydraulique, écosystème naturels, etc. Pour ce faire, il faut recourir au Schéma Directeur d'Aménagement Urbain (SDAU) accompagné du Plan d'Occupation du Sol (POS). L'aménagement doit s'opérer grâce à ces deux documents régulateurs.

En matière d'occupation du sol, un nouvel aménagement urbain doit porter le souci d'utiliser de façon optimale les zones urbaines, afin d'éviter certaines contraintes (plan d'occupation des sols, forte turbidité spatiale, orographie, marécages, espaces de reproduction de vecteurs, etc.), afin de minimiser les risques environnementaux et d'accroître les possibilités d'accessibilité des biens et services, fruit de l'aménagement.

En somme, toutes les deux forces d'ékistique sont des « variables » de la création des systèmes urbains durables. Dans leur organisation et fonctionnement, ces forces doivent être prises comme une totalité, pour le succès de l'ékistique et de la modernité (cf. Habitat I, II, III).

3.8. MORPHOTOPE DE LA VILLE DE KINSHASA

La morphotope constitue les aspects morphologiques du milieu. Il s'agit des reliefs et de leurs caractéristiques essentielles. Par rapport à cela, la topographie du terrain habité par les ménages est un élément caractéristique de vulnérabilité écologique morphotopique.

La variabilité écologique d'un milieu dépend de sa morphologie qui est en relation directe avec les courbes de niveau, par ricochet, l'histoire géologique de la région considérée. En effet, plus un terrain ou un écosystème est ancien sur le plan géologique, plus il présente une diversité morphologique et spécifique. D'autre part, la morphologie est déterminante dans l'aménagement urbain. L'environnement physique de la ville et sa physionomie sont intimement liés à la morphologie spatiale. Par conséquent, la notion de risques urbains et de vulnérabilités qu'ils induisent sont corrélés aux typologies morphologiques d'une ville.

La ville-province de Kinshasa est une plate-forme bâtie sur environ quatre terrasses :

- La première terrasse est une plaine qui émerge autour de Pool Malebo à 250 m d'altitude. Cette plaine comprend notamment l'aéroport international de N'djili et l'aéroport de Ndolo, dans la commune de Barumbu.

- La deuxième terrasse est constituée d'une plaine située à 500 m d'altitude. Sur cette plaine, il y a eu la formation de l'ancienne ville de Kinshasa. Cette plaine se prolonge dans la partie Nord-Est pour former la vaste plaine de la N'sele où s'étend actuellement la ville. Par ailleurs, plusieurs vallées de la ville de Kinshasa sont situées à ce niveau d'altitude.

- La troisième terrasse est faite des zones collinaires de l'Ouest (Ngaliema, Selembao), du Sud (Mont-Ngafula, Lemba Sud) et du Sud-Est (Kinsenso). Son altitude se situe entre 500 et ± 650 m ;

- La quatrième terrasse, le plateau (à plus de 650 d'altitude). Pour Vidal (2006), les pratiques d'aménagement et d'urbanisme doivent absolument reposer sur l'analyse spatiale privilégiant plus les lois régissant les principes géographiques, des modèles théoriques et déductives sur la morphologie. Cet auteur fonde sa thèse sur l'existence d'un espace différencié que l'on peut rendre indifférencié, en vue de trouver de nouveaux équilibres écologiques dans une ville aménagée.

Tableau 3.1. Typologie de la nature topographique de terrain à Kinshasa

Topographie	Funa	Lukunga	Mont-Amba	Tshangu	Total	%
	Bandal Kalamu Kasa-Vubu Selembao	Gombe Kitambo Mont-ngafula Ngaliema	Kisenso Lemba Limete Ngaba	Kimbasenke Masina Ndjili Nsele		
Terrain plat	560	372	425	478	1835	57,34

Terrain faible-ment accidenté	32	109	58	49	248	07,75
Terrain moyen-nement accidenté	18	109	49	30	206	06,43
Terrain fortement accidenté	27	36	53	47	163	05,10
Terrain en pente faible	60	78	96	45	279	08,71
Terrain en pente moyenne	19	50	58	51	178	05,56
Terrain en pente forte	03	17	34	35	89	02,79
Terrain maréca-geux.	77	21	23	45	166	05,19
Une berge de rivière	04	08	04	20	36	01,12
Total	800	800	800	800	3200	100

Source : Munkuamo, 2025.

Au regard des résultats de tableau 3.1. 57,34 % de ménages ont leur résidence bâtie sur un terrain plat, présentant probablement peu de risques et vulnérabilités topographiques. Par ailleurs, 41,54 % de résidences de ménages vivent sur des sites différemment accidentés, peu ou non viables, aux vulnérabilités topographiques variées, selon l'occupation de l'espace. En fin, 1,12 % de ménages ont bâti leur résidence sur des lits mineurs de cours d'eaux de la ville de Kinshasa. Ces espaces présentent de grands risques écologiques et une grande vulnérabilité pour la sécurité et la santé humaine des populations. Ainsi, les résultats permettent d'affirmer que 42,66 % de ménages sont confrontés à des vulnérabilités environnementales de tous ordres, à cause de la mauvaise topographie de leur résidence. A Kinshasa, les vulnérabilités sociales accroissent la possibilité de populations à s'installer anarchiquement ou non sur des sites en forte pente faisant partie de sites ou espaces non aedificandi en aménagement urbain.

En rapport avec la défiance de l'aménagement et de la topographie spatiale, les principales craintes sont les suivantes : Pour les ménages à terrain plat, il n'y a pas de craintes Toutefois, pour certains, ils déplorent : la présence de flaques d'eau dans les rues en saison de pluies, les coupures de courant et d'eau lors de fortes averses, etc.

Pour les ménages en sites accidentés, il y a : ruissellement intense des eaux pluviales, dégradation du sol, érosions, éboulements de sol, perte d'habitat naturel, insécurité environnementale, impraticabilité des voies de communication, déstabilisation des infrastructures, déménagement forcé, mort d'hommes, etc.

Auprès des ménages de sites marécageux et de berges de rivière, on a enregistré les avis suivants : inondation de maisons, forte humidité, destruction ou impraticabilité de l'agriculture de subsistance, absence de végétations, lenteur de croissance végétale, etc.

Tableau 3.2. : Urbanisation et constitution de communes de Kinshasa par rapport aux pentes

Pourcentage de pente (%)	Communes	Urbanisation
< 4	Gombe, Kinshasa, Barumbu, Lingwala, Kasa-vubu, Ngiri-Ngiri, Kalamu, Limete, Ngaba, Matete, Ndjili, Kimbanseke, Nsele, Maluku, Kintambo, Masina, Lemba	Site facilement urbanisable
entre 4 et 8	Makala, Barumbu, Kintambo (Camp Luka)	Site fragile dans les quartiers d'autoconstruction
entre 8 et 12,5	Selembao, Mont-Ngafula, Bumbu, Kisenso	Site aux travaux d'assainissement exigés
entre 12,5 et 20	Ngaliema, Mont-Ngafula, Selembao	Site très contraignant pour l'urbanisation
20 et plus	Mont- Ngafula, Ngaliema	Site non aedificandi

Source : Atlas de Kinshasa, 1975

Sur le plan de la géomorphologie des sites urbains, le tableau 3.1 fait voir que tout site de la ville de Kinshasa dépassant 8 % de pente est déjà vulnérable aux occupations spontanées. L'implantation des agglomérations sur ces sites est soit interdite (site non aedificandi) soit demandant des aménagements ou des travaux contraignants d'assainissement. Sinon, les fortes intensités pluviométriques creusent ou ouvrent des crevasses dans les terres et provoquent des ravins profonds (Ndemi, 2013).

3.9. PÉDOTOPHE ET VULNÉRABILITÉS DE LA VILLE DE KINSHASA

Le pédotope dans l'environnement biophysique est constitutif du sol du milieu. Dans ce contexte environnemental, le sol est perçu comme une ressource naturelle, parce que le facteur édaphique est essentiel pour la végétation et le maintien des équilibres écologiques. En ce sens, les vulnérabilités édaphiques sont un aspect pédologique lié à la dégradation de propriétés physique, chimique et biologique des sols.

Les vulnérabilités édaphiques de l'écosystème de la ville de Kinshasa sont envisagées sous l'angle purement physique. Elles concernent à la fois la texture et la structure du sol de ce milieu urbain. Elles se caractérisent sous plusieurs formes de dégradation environnementale : érosion, éboulement, mauvais drainage des eaux, réchauffement, stérilité agricole, etc. Ces diverses dégradations du système pédologique diminuent toutes les propriétés du sol et le vulnérabilisent sur plusieurs plans : productivité agricole, rétention et conductibilité d'eau, etc.

A Kinshasa, les vulnérabilités environnementales du pédotope s'expriment sur la structure du sol. A Kinshasa, un grand nombre de ménages (55,63 %) habitent des quartiers à sol sablonneux et 4,62 % d'entre eux sont dans de quartiers argileux. Les autres ménages vivent dans de quartiers à sol de structure mixte : 18,13 % des sujets enquêtés connaissent un sol sablo-argileux et 7,03 % de ménages sont sur un sol alluvionnaire. (Munkuamo, 2018)

Par ces résultats, du point de vue de la structure des unités pédologiques, le sol sablonneux majoritaire (représentatif de la couverture pédologique de plus de 50%) semble être exposé à plusieurs vulnérabilités : acidité, lessivage, improductivité, perte de masse de terres… Cela ne fait qu'accroitre l'insécurité alimentaire, les érosions et les pertes de masses de terres dans la ville.

Quant aux sols alluvionnaires dans les quartiers, surtout ceux de bas fond, ils sont à l'origine de colmatage de conductivité hydraulique et d'inondation. C'est 11,65 % des ménages qui ont un sol soit alluvionnaire, pour les habitants des vallées, soit argileux pour les habitants de communes de Bandalungua, Bumbu, Limete (Mombele), Ngaba, Makala et Selembao. Ces deux types de sol sont favorables à l'agriculture urbaine. Malheureusement, ils sont moins étendus par rapport au sol sablonneux.

3.10. PHÉNOMÈNE D'ÉROSIONS DANS LA VILLE DE KINSHASA

Les risques d'érosions constituent aujourd'hui une préoccupation dans la ville province de Kinshasa. Les médias présentent chaque année des images terrifiantes de cette catastrophe naturelle. Ce phénomène impressionnant, étant d'origine naturelle ou d'origine humaine affecte non seulement les esprits des populations concernées mais déstabilisent également la ville toute entière.

D'après les statistiques urbaines, on enregistre à Kinshasa, chaque année plus de 50 maisons écroulées, plus de 200 ménages déplacés et plusieurs infrastructures endommagées (école, route, tuyau de la Régideso, câble électrique de la SNEL) par les érosions différentes érosions (HCR, 2021).

3.11. CONSÉQUENCES D'ÉROSIONS À KINSHASA

A Kinshasa, la dégradation des sols est visible et se traduit par les événements et les conséquences suivantes : pertes en logement, pertes en vies humaine, destruction des ouvrages d'aménagement, réduction des activités économiques, destructions des infrastructures routières, destruction des équipements sociocommunautaires, pollution des cours d'eaux, lessivage et épuisement des sols en matières organiques et minérales, contamination des sols par les polluants chimiques (engrais, pesticides, urines), destruction de la biologie du sol, acidification des sols par les activités anthropiques, élimination d'humus et perte de nutriments… Ces formes de dégradation de sols sont liées aux mauvais modes d'utilisation des sols de vallées, formés de limons colluvionnés ou alluvionnés, conférant aux sols de vallées un fort potentiel agro-écologique. Malheureusement, la surexploitation de sols, le compactage de sols et la pollution chimique dégradent cette ressource et vulnérabilisent l'agriculture urbaine.

Depuis l'indépendance, plus particulièrement à partir des années 1970, Kinshasa connaît une dégradation environnementale ou crise écologique très prononcée. Cette dégradation est symptomatique de la tryptique de la crise écologique : déforestation massive, pollution et érosion hydrique. Ces problèmes écologiques qui embrigadent la ville de Kinshasa sont consécutifs à la mauvaise conservation ou préservation des ressources naturelles : ressources hydriques, ressources forestières, ressources halieutiques, ressources pédologiques, etc.

A Kinshasa, l'érosion hydrique (la plus importante) vulnérabilise l'environnement édaphique par la dégradation des sols. Cette érosion hydrique se fait avec et sans ruissellement. L'érosion superficielle sans ruissellement se fait in situ, suite au contact de gouttes de pluies avec le sol (Miti, 2009). Dans les plaines de Kinshasa, les érosions, sans entrainement sont courantes et affectent de multiples parcelles, rues et places publiques non bâties. Pour cet auteur, la force de ces érosions dépend de l'énergie potentielle de gouttes de pluies. Par cette érosion, des ravinements lents autour de surface de maisons s'opèrent et vulnérabilisent la base de structures d'habitation.

Les érosions, avec ruissellement de l'eau, sont les plus courantes, pour les zones en pente. Ces érosions, de développement rapide en saisons pluvieuses, sont à la base de ravinements (rigoles, ravins, crevasses) apparaissant dans divers quartiers de Kinshasa (Kindele et Maman Yemo à Mont-Ngafula, Mbuku et Mission à Kisenso, Campus et Cogelos à Lemba, Mpasa I à Nsélé, Mataba et Bahumbu à Ngaliema). D'après Miti (2009), ces érosions se forment dans le sens de l'écoulement de la nappe d'eau de surface, à partir du sommet de la colline. Le développement de ces érosions est spectaculaire.

Photo .1 : Une vue d'érosions dans le quartier Ngasele dans la commune de Mont-Ngafula, 2024

Les vulnérabilités environnementales induites par les effets de la dégradation des sols par les érosions, en forte expansion à Kinshasa, sont entre autres :

- éboulements et pertes de masses de terres et ensevelissement de terres arables ;

- ensablement d'espaces et destruction de la biologie du sol ;

- formation de dépôts sédimentaires dans les écosystèmes aquatiques, engraissement de lits mineurs et perte de débits d'eau de base.

Les érosions conduisent à l'engloutissement et à la disparition de plusieurs quartiers ou sites. Kinshasa est déstabilisée par plus de 600 têtes d'érosion hydrique (Mwanza, 2024). Les zones concernées par l'activité érosive hydrique sont celles qui sont sur les pentes variables sur le plan altimétrique ou des zones de plaine, aux infrastructures d'assainissement mal entretenues ou inexistantes.

A l'état actuel, toutes ces érosions actives ou non actives vulnérabilisent et insécurisent les populations des quartiers concernés : éboulements, effondrement d'infrastructures sociales d'intérêt collectif (écoles, hôpitaux, marchés, voirie (cf. la route de Kimwenza), engloutissement d'agglomérations, destruction d'habitats naturels, envasement de cours d'eau…

De véritables catastrophes naturelles sont ressenties dans les zones à risque, privant ainsi certaines populations de l'eau, de l'électricité, de latrines, de champs, de routes…

3.12. FACTEURS D'ÉROSIONS À KINSHASA.

Les causes qui sont à l'origine d'érosion à Kinshasa sont les suivantes : déforestation, absence d'un système de canalisation et de gestion des eaux, construction anarchique, mauvaise gestion de déchets, insalubrité dans l'environnement, pluies fréquentes, nature sablonneuse des terres, manque des sanctions contre le non-respect des normes d'urbanisme, non- respect des normes d'urbanisme, manque de planification écologique.

3.13. RÉSILIENCES FACE AUX ÉROSIONS HYDRIQUES

Les érosions déstabilisent une grande partie de la ville de Kinshasa. Les sites à risque sont les zones en contraintes naturelles géomorphologiques et très mal urbanisées (Mont-Ngafula, Ngaliema, Selembao, Kisenso, Bumbu, Lemba Sud). Pour faire face aux vulnérabilités (ravins, trous, pertes en terre, eaux stagnantes, destruction de la végétation et de cultures, coupures de routes, etc.), l'étude met en exergue la mise en place de la végétation comme la stratégie de base ou mesure environnementale de la première intention, pour la résilience au phénomène d'érosions : plantation de jeunes arbres, de bambous de Chine, herbes vivaces… (Lelo Nzuzi, 2008 ; Miti, 2014).

Cette résilience écologique de première intention, par la végétalisation de sites érodés ou à menace d'érosion devient défaillante, à cause de multiples variables : naturelles (gravité de la topographie, fortes intensités pluviométriques, accélération de vitesse de ruissellement des eaux pluviales, incohérence de sols par la forte dominance de sables grossiers et la faible proportion de sols de cohésion : argiles et limons), démographique (envahissement de sites par les occupations foncières désordonnées, aménagement lacunaire des espaces urbains), économique (pauvreté), socioculturelle (maltraitance du bassin versant, choix des espèces végétales de luttes antiérosives)…

Face aux contraintes et incertitudes, l'échec de la résilience de la première intention a entraîné à Kinshasa le développement de stratégies de résilience de deuxième intention : construction de murs de soutènement en matériaux durables ou aux sacs de sable, pose verticale de pneus, rejets de déchets pour remblayer l'espace physique, etc. (Lelo Nzuzi, 2004 ; Lelo Nzuzi, 2008). Ces formes de résilience sont observées dans les périphéries de : Kisenso (tous les flancs périphériques de l'amphithéâtre naturel du site), Lemba Sud (cité Salongo, quartier Tchad, Kindele), Mont Ngafula Est, Selembao Est et Sud, etc. La pauvreté et la faiblesse de moyens d'intervention, par la dynamique communautaire, ont induit l'inadéquation de méthodes de résiliences aux érosions hydriques mises en œuvre par les communautés urbaines au niveau de la base. Cette inadéquation symbolise l'échec partiel des initiatives privées ou collectives imposées d'en bas pour les résiliences aux érosions. En même temps, pour survivre, et à cause de la modicité des ressources financières des habitants, il se poursuit, sur des sites érodés ou érodables : la dynamique de l'occupation des terres et les transformations socio-spatiales, l'organisation d'activités agricoles, la dégradation de l'environnement, etc.

D'autres activités anthropiques de résiliences socioéconomiques accroissent les risques d'érosion et les vulnérabilités environnementales. C'est le paradoxe de la systémique de résiliences écologiques, en contexte de vulnérabilités socioéconomiques. Il se fonde sur les conflits existant entre l'écologie et l'économie d'une part et, d'autre part, l'écologie et la pauvreté ou la précarité. Ainsi, l'échec de seules actions de résiliences écologiques aux érosions par les communautés de base démontre la nécessité d'une combinaison d'initiatives locale de résiliences avec l'encadrement ou l'appui financier et technique de l'Etat, pour faire inscrire des actions conjointes, concertées de résiliences synergiques aux érosions dans la durée. Ce projet concerté de résiliences tel que souhaité par cette étude a été réalisée à la Drève de Selembao, à Mataba, etc

Chapitre 4
Déchets

L'environnement doit être géré. Ainsi, le terme « gestion » ou « management » comprend, en effet, toutes les formes possibles d'intervention rationnelle dans l'environnement. La gestion rationnelle de l'environnement est un impératif, en vue de la préservation sa qualité qui doit être sans nuisance, sans pollution. Aujourd'hui dans le monde entier, l'un des problèmes majeurs qui se pose avec ampleur dans l'environnement urbain, c'est la gestion de déchets.

En effet, les quantités de déchets produits étant variables, les citadins n'accordent pas de l'importance à la quantification comme processus fondamental dans la gestion rationnelle de déchets produits dans leurs milieux. Ces derniers n'ont même pas de notion de comptabilité familiale. Cette ignorance reflète l'état de précarité de la population de la ville.

Aliénés par la culture du « prêt à jeter », « tout à la poubelle », les Kinois n'ont pas encore compris que les déchets doivent être gérés d'une manière écologique.

4.1. ASPECTS CONCEPTUELS

Le déchet est « tout résidu d'un processus de production, de transformation ou d'utilisation, toute substance, matériau, produit ou plus généralement tout bien, meuble abandonné ou que son détenteur destine à l'abandon » (Code de l'environnement,1982).

Tout élément qui est abandonné est un déchet.

4.2. TYPE ET NATURE DES DÉCHETS URBAINS

Les déchets peuvent être classés selon leur origine (agricole, industriels, ménagers, des activités de soins, etc.). Parmi ces déchets l'on distingue les déchets biodégradables (les déchets vert ou organiques) et les déchets non biodégradables (composé des matières non dégradables : plastiques, ustensiles, boites de produits cosmétiques, des bouteilles, etc.). Les déchets non biodégradables ont un impact négatif sur l'environnement. Généralement, les déchets biodégradables produits par les ménages urbains (déchets ménagers solides) n'ont pas un impact remarquable sur l'environnement s'ils sont bien gérés. Les déchets doivent être stockés pour éviter des pollutions de l'environnement. ;

Suivant cette classification, il apparait que dans l'environnement urbain plus de 90% des ménages produisent de déchets biodégradables Les déchets biodégradables sont des sources de vulnérabilité environnementale lorsqu'ils sont mal conditionnés provoquent des phénomènes de pollutions biologiques et de nuisances olfactives et visuelles.

En effet, des odeurs nauséabondes subsistent dans les milieux urbains à cause de la putréfaction des déchets ménagers solide mal conditionnés. Quant aux déchets non dégradables, ils sont dangereux pour l'environnement urbain, à cause du volume important qui sont produit dans les usines.

4.3. COMPOSITION DES DÉCHETS PRODUIT À KINSHASA

En considérant les déchets biodégradables produits par les ménages à Kinshasa, l'on observe la composition suivante : reste de repas (79 %), copeaux de bois (3,31 %), linge (5,16 %), litière (0,50 %) (Munkuamo, 2022). S'agissant de restes de repas, il s'agit des restes frais de repas avant la cuisson.

Car, de plus en plus à Kinshasa, les restes de repas cuits jetés dans la poubelle sont devenus de faits rarissimes, à cause de la précarité des conditions de vie et de la crise sociale aiguë dans cette ville. Toutefois, il n'est pas impossible de trouver des restes de repas cuits fermentés ou non fermentés dans des poubelles de certains ménages aisés (dignitaires de l'Etat, Professeurs d'universités, médecins...), de communautés religieuses, de grands restaurants de la place (Limete, Gombe) et aux voisinages de certains « malewa », etc. Les copeaux de bois, les morceaux d'étoffe et la litière sont des déchets biodégradables rarement produites dans les ménages de Kinshasa. Pour les copeaux et les morceaux d'étoffe, on les retrouve auprès de certains ménages dont l'un ou l'autre membre exerce une profession spécifique, à savoir la menuiserie ou la coupe et couture. La litière également n'existe que pour les ménages disposant d'arbres dans leurs espaces.

Pour les déchets solides non biodégradables, il s'agit de : plastique (11,65 %), métaux (0,98 %), caoutchouc (0,84 %), cendre et sable (0,81 %) et cuir (0,75 %). Ce sont les commerces, les garages, les écoles, les menuiseries, les industries et les chantiers qui produisent ces déchets (Munkuamo, 2022). La prolifération des déchets non biodégradables dans la ville de Kinshasa résulte à la fois de la négligence et du manque de traitement de ces déchets, qui impose un processus complexe de recyclage de leurs matières. Ainsi, les déchets ménagers solides non biodégradables pullulent allègrement dans la ville de Kinshasa, au point où leur présence et leurs accumulations progressives inquiètent la population et constituent des sources d'insécurité humaine et de vulnérabilités environnementales durables. A titre d'exemple : les épaves de véhicules abandonnés dans les coins et recoins de certains quartiers bouillants de Kinshasa abritent parfois de malfaiteurs. Ces déchets métalliques se sont transformées en espaces criminogènes et coupe gorges nocturnes (Yolo-Kalamu, Kimbangu-Kalamu, site Limete Echangeur, etc.).

4.4. MODE DE GESTION DES DÉCHETS À KINSHASA

Les déchets doivent être stockés pour éviter des pollutions de l'environnement. En ce qui concerne les modes de gestion de déchets ménagers solides, ils sont variés, compte tenu de moyens et de la culture de gestion dont dispose chaque ménage. Plusieurs ménages procèdent à l'évacuation incontrôlée de déchets solides : rejet dans un pousse-pousse pour une destination inconnue ; rejet dans une décharge brute, rejet dans les réseaux d'égouts… Ces pratiques entraînent la prolifération de décharges non contrôlées dans les quartiers de la ville de Kinshasa. Celles-ci sont à l'origine des moustiques, des mouches et de plusieurs maladies (paludisme, typhoïde, cholera, amibe, etc.).

D'autres brûlent les déchets, pour éviter leur entassement préjudiciable à l'hygiène publique et à l'esthétique du milieu biophysique. La mauvaise gestion de déchets à Kinshasa est à la base de la persistance d'immondices dans les espaces publics. Il existe un service de ramassage de déchets, mais son rendement reste insignifiant. Pour le reste, la technique courante consiste à les brûler ou les enfouir. En conséquence, la pollution de l'air et des eaux est permanente.

Pour les rebuts mécaniques (garages, épaves, machines des engins lourds et légers, etc.), le tri systématique n'existe pas. Sauf que l'on constate un ramassage mal organisé des métaux par les jeunes, non pas pour des buts écologiques, mais plutôt pour des buts lucratifs.

Malheureusement, les endroits où se situent les pièces métalliques abandonnées se sont transformés en véritables décharges brutes, créées le long d'avenues, de rues et de places publiques. Les rebuts mécaniques constitués en décharges sauvages provoquent, outre l'encombrement mécanique lui-même, beaucoup d'autres conséquences : enlaidissement, nuisance, pollution multiforme, réduction et enlaidissement de l'espace.

4.5. GESTION DES EAUX USÉES (EFFLUENTS) DOMESTIQUES

A côté des déchets ménagers solides, l'écologie urbaine à Kinshasa est confrontée aux problèmes de la gestion des eaux usées. Cette problématique des eaux usées urbaines se pose à tous les niveaux : ménages, écoles, hôpitaux, stades, églises, industrie, structures carcérales, etc.

Il y a plusieurs modes d'évacuation d'effluents domestiques par les ménages à Kinshasa. Dans la mise en œuvre de ces modes d'évacuation, à part 32,43 % des ménages enquêtés qui interceptent les effluents domestiques ménagers dans les puits perdus de fosses septiques, en réduisant les vulnérabilités environnementales des effluents générés au niveau de ménages, tous les autres ménages (67,57 %) sont à la fois sources et victimes de leurs propres effluents domestiques, gérés avec légèreté et irresponsabilité.

Cette gestion désastreuse des eaux usées domestiques fait que la ville de Kinshasa soit en proie aux maladies environnementales de dégradation de l'environnement biophysique (malaria, typhoïde) et aux vulnérabilités environnementales permanentes de populations qui y résident. Pire encore, les effluents domestiques contenant des substances toxiques (métaux lourds ou autres substances chimiques indésirables) vulnérabilisent et causent des dégâts toxiques collatéraux sur les écosystèmes de la ville : cours d'eau, sol, champ (écosystème ager).

4.6. DESTINATION DES EAUX PLUVIALE NON COLLECTÉES

Pour d'autres destinées connues des eaux pluviales au niveau des ménages plusieurs ménages laissent couler les eaux pluviales à même le sol, et ce, tout en observant leurs infiltrations progressives dans les structures pédologiques de surface (69 %) ; une autre partie d'eaux pluviales non collectées coulent à même le sol et s'accumulent dans la parcelle (31,7 %).

Ces eaux de surface provoquent des vulnérabilités environnementales enregistrées sous forme de : débordements et inondations de certaines parcelles. Pour ces cas précis, il faudrait noter que les risques de vulnérabilités environnementales s'accroissent avec la hauteur. Les zones de faible hauteur piézométrique de Kinshasa (Ngaba, Makala, Kalamu, Lingwala, Barumbu, Kinshasa, Limete) sont victimes incessantes de débordements et inondations, deux maux caractéristiques de vulnérabilités environnementales à Kinshasa.

4.7. DE LA PRÉSENCE DES DÉCHARGES DANS LES ESPACES PUBLICS

L'écosystème urbain est un grand réceptacle de déchets : ménagers, industriels, hospitaliers, commerciaux, agricoles, etc. Toutefois, la ville doit militer pour la récupération, le traitement et la valorisation de déchets urbains, pour la pérennité de l'utilisation des ressources naturelles disponibles. Fondamentalement, ces pratiques font partie de la gestion des déchets urbains qui commence par la collecte contrôlée, à tous les niveaux de leur production. Aux antipodes de collectes contrôlées figurent des collectes non contrôlées (décharges spontanées) qui s'effectuent dans la clandestinité, sur des espaces publics. Or, toute décharge urbaine doit être contrôlée.

C'est pourquoi, la notion d'une décharge publique est liée à deux exigences : contrôlabilité et compatibilité environnementales de sites. L'autorité urbaine doit avoir un œil regardant, une vigilance (éco surveillance) sur toutes les manœuvres sur les déchets, afin de préserver l'hygiène publique et la sécurité environnementale de populations urbaines. Les décharges publiques de transit, ou finales constituent les stratégies avant-gardistes dans le processus ou étapes de gestion rationnelle et responsable de déchets dans les milieux urbains. En revanche, la présence de décharges de transit non contrôlées et de longue vie ou durée sur les espaces publics est une source immense de pollutions de milieux et de vulnérabilités de la santé humaine des populations (prolifération des vecteurs).

A Kinshasa, les décharges publiques posent de sérieux problèmes à l'environnement. La présence de décharges non contrôlées et leurs déchets altèrent l'équilibre écologique des milieux urbains, en exposant leurs populations à plusieurs risques sanitaires : fièvre typhoïde, choléra, paludisme, nuisances… Ces pathologies sont quasi-endémiques dans les villes des pays en développement et connaissent une forte incidence dans les parties périphériques (ghettos et favelas, où misère et présence innombrable d'immondices se côtoient, au grand dam de la population).

Binzangi (2014) évoque de la sachétisation de l'espace urbain (avenues, écoles, hôpitaux, caniveaux, cours d'eau, etc. En effet, le défi de l'insalubrité est réel à Kinshasa. La ville, faute entre autres de moyens financiers conséquents est incapable d'organiser des décharges publiques, d'étendre les services de collecte, de transport et traitement de déchets urbains produits dans toutes les communes.

La présence de décharges non contrôlées à travers la ville de Kinshasa s'explique par deux facteurs majeurs : concentration démographique et défaillance institutionnelle. Pour la concentration démographique, Kinshasa est une ville dense, compacte. A cause de cela, plusieurs ménages n'ont pas de sites appropriés pour entasser leurs immondices en bonne et due forme. Lelo Nzuzi (2004) note que plusieurs sites abritant les décharges de transit ont été lotis et occupés anarchiquement. La délocalisation de nouvelles décharges de transit n'ayant pas été prévue, chaque ménage tente de gérer ses déchets à sa guise : incinération, enfouissement, rejet dans de cours d'eaux, les caniveaux, etc. Or, ces modes de gestion sont non écologiques. Dans leurs pratiques régulières, ils exposent les écosystèmes et les populations urbains aux risques de destruction des organismes vivants.

Pour ce qui concerne la défaillance du cadre institutionnel, il n'est pas négligeable. A Kinshasa, la présence de décharges publiques non contrôlées résulte de l'absence du cadre réglementaire, légal. Il n'y a pas d'application de lois et de contrôle et du suivi en matière de gestion de déchets ménagers solides produits. Chaque ménage gère les déchets solides produits comme bon lui semble. Le PNA, un service attitré de l'Hôtel de ville, est un canard boiteux, dépourvu d'équipements et sans moyens financiers pour remplir la mission lui dévolue. La RATPK, une initiative de l'Hôtel de ville, en coopération avec l'Union Européenne, créée pour la collecte, le transport et l'enfouissement de déchets au CET (Centre d'Enfouissement) de Mpasa IV qui fut une bonne initiative n'a pas eu une longue vie.

4.8. DE L'ASSAINISSEMENT DE LA VILLE DE KINSHASA

L'assainissement est un support de la vie. Le déficit d'assainissement dans une ville contribue aux vulnérabilités environnementales. En se basant sur le nombre et la qualité des équipements desservant l'environnement urbain très dense, on peut avouer que l''assainissement de Kinshasa est déficitaire, mal assuré (Munkuamo, 2020).

En effet, en dépit de la présence de sanitaires (99,5 %) et de poubelles (78,94 %), l'assainissement de la ville se caractérise par un réseau d'égouts de mauvaise qualité de collecte d'effluents fécaux (latrines et fosses septiques). Les latrines et poubelles domestiques de plusieurs ménages laissent encore à désirer et prêtent à des pratiques inadéquates de gestion des eaux-vannes et de déchets solides, deux composantes importantes de la dégradation de l'environnement urbain. L'assainissement lacunaire et terne (sans visibilité et impact) est source de vulnérabilité à Kinshasa, parce qu'il aggrave les mauvaises conditions de vie d'un grand nombre de populations urbaines.

La vulnérabilité environnementale des villes africaines liée aux risques d'assainissement public réside en l'inefficacité des municipalités à gérer à bon escient les déchets issus des ménages, principaux sources de production de déchets en milieux urbains (Binzangi , 2017). En se référant à des données approximativement réelles de la ville de Kinshasa, il y a lieu de dire que, soit les poubelles existent et sont symboliques, parce qu'elles ne sont pas utilisées selon leurs fonctions, soit qu'elles sont absentes en général.

Pour le stockage d'excréments humains et l'auto traitement des eaux- vannes, le système d'assainissement le plus utilisé dans la ville de Kinshasa est la latrine. Or, dans les latrines, l'assainissement est assuré par la qualité des équipements mis en place et la quantité d'eau utilisée. En effet, dans la technologie de gestion des excrétas avec des latrines à fosse septique, à chasse d'eau ou non, le système d'assainissement autonome a besoin de beaucoup d'eau pour le bon fonctionnement de l'usine de traitement (fosse septique). Il s'agit essentiellement des systèmes d'assainissement non collectifs : ANC (Sikulisimwa, 2010).

Or, la fourniture d'eau pose problème dans la ville de Kinshasa. Car, l'absence continue de fourniture d'eau réduit l'efficacité de l'assainissement. Aussi, le dimensionnement de plusieurs latrines à Kinshasa est hors normes et ne tient pas compte : du nombre d'usagers, de la périodicité de vidange d'au moins trois mois, du taux d'accumulation de boues de 0,03 m3/usager/an (Ousseynou et *ali.*, 1999). Ce sont là des exigences mal assumées à Kinshasa. Ainsi, la technologie de gestion des excrétas des fosses septiques vulnérabilise et expose les usagers à de contaminants biologiques divers : bactéries, virus, spores, kystes, larves… pour des latrines situées dans les zones humides, à faible niveau d'affleurement de nappes aquifères libres. C'est pourquoi, les maladies d'origine hydrique sont endémiques dans les zones marécageuses habitées de Kinshasa (Ngaba, Makaka, Lemba, etc.). Elles touchent moins les quartiers du standing de vie élevé.

Ainsi, au regard de ce qui précede, l'on peut affirmer sans ambage que' le mode écologique d'assainissement est loin d'être satisfaisant dans la ville de Kinshasa. La pratique de tout à l'égout ou de tout par terre pour les eaux usées domestiques et de tout à la poubelle pour les déchets solides ainsi que les aléas et dérives dans la gestion rationnelle et efficace de déchets ne rassurent pas sur la voie de l'adoption d'un assainissement écologique de la ville.

Pour arriver à un assainissement amélioré à Kinshasa, il est utile que l'homme soit assaini. Un assainissement écologique de l'environnement kinois n'est possible que par le changement de mentalité des résidents.

4.9. FACE À L'ASSAINISSEMENT URBAIN CHAOTIQUE

Lorsque l'assainissement urbain est catastrophique, l'insalubrité règne en maîtresse sur l'espace public. Ainsi, la crise sanitaire constitue l'un des paramètres caractéristiques de vulnérabilités environnementales. A Kinshasa, l'assainissement est catastrophique et l'insalubrité urbaine est scandaleuse.

Dans le secteur de l'assainissement de logements, la carence et la qualité défectueuse de latrines (latrines hors d'usage) sont réelles pour plusieurs ménages de la ville de Kinshasa. Pour suppléer à cette situation dont souffrent les ménages concernés, des solutions alternatives existent pour la satisfaction des besoins physiologiques liés à la défécation humaine : usage de latrines de voisins, usage de latrines de services, défécation dans l'espace vague, défécation dans les seaux et sachets en plastique, etc.

Les Kinois recourent à ces différentes pratiques à cause de la gratuité de service non rémunéré. L'utilisation rémunérée de latrines publiques (marchés, stades) et privées (stations d'essence, ménages, églises, universités, écoles, services étatiques...) constitue une dépense, un manque à gagner pour la plupart de Kinois. Or, l'inertie des populations urbaines à assurer un assainissement adéquat, les choix de latrines alternatives et leurs modes de gestion non écologique des excrétas sont préjudiciables à la qualité de l'environnement et la préservation du maintien de l'équilibre écologique de différents écosystèmes.

Pour les résiliences à l'assainissement, l'évacuation et l'élimination des eaux usées domestiques des parcelles se font par des pratiques anti-écologiques déjà analysées, notamment : trous dans la parcelle, puits dans la parcelle, rejet à la volée dans la parcelle, rejet à la volée dans la rue, connexion des eaux usées de ménages aux cours d'eau, connexion de la parcelle aux rigoles et ravins, etc.

A la lecture des comportements anthropiques urbains, les réponses attendues de ces stratégies non écologiques de résiliences urbaines symbolisent plutôt un échec. Ce dernier résulte du fait que ces résiliences n'intègrent pas les normes réglementaires de gestion de déchets et la sécurité environnementale. Ainsi, dans les secteurs de l'assainissement et de l'insalubrité, s'il faut viser l'optimisation de la qualité de réponses en compatibilité avec l'environnement, il y a nécessité de repenser et reformuler un encadrement technico-scientifique (principes écologiques), juridique (responsabilité) et éthique de résiliences.

4.10. FACE AUX IMMONDICES DANS LA VILLE DE KINSHASA

Face aux tas d'immondices rencontrées dans la ville de Kinshasa, il convient d'appliquer la politique de valorisation de déchets. En effet, à l'instar de toute ville de la planète, Kinshasa est un réservoir de déchets multiformes à cause de la production et de la consommation accrue des ressources. Malheureusement, la ville de Kinshasa est confrontée à l'insalubrité publique, à cause entre autres de l'absence de la politique de la gestion des déchets solides urbains produits à différents niveaux d'organisations sociales : ménages, commerces (marchés, magasins), institutions (écoles, hôpitaux, stades, etc.) et de la gestion anti-écologique. Au-delà d'un assainissement classique consistant en la collecte et le conditionnement des déchets urbains et le ramassage, il convient d'appliquer la technique de la valorisation des déchets urbains en vue de l'amélioration des conditions de vie urbaines, e.

Pour Ignace Sachs (1984), les processus urbains de gestion efficace de déchets nécessitent la mise en œuvre de la loi de « R » pour le développement endogène durable des ressources. Pour Sachs, les ressources naturelles sont gracieuses dans la nature. Elles sont en quantité et qualité limitées. Pour s'assurer de leur durabilité écologique, l'on doit s'abstenir de les détruire et de les épuiser.

C'est dans cette perspective de la renouvelabilité des matières et d'énergies environnementales et la recyclabilité qu'il prône la durabilité écologique, à travers : la récupération de déchets, la réutilisation de déchets, le ré-emploi de déchets, le recyclage de déchets et la reconversion de déchets. Tous ces processus proposés ont pour finalité la valorisation des déchets, car ces derniers, perçus comme des matières de l'environnement ont de la valeur écologique. Il convient de restituer à l'environnement cette valeur écologique, afin de donner des fonctions sociales pour l'utilisation durable de matières environnementales.

A Kinshasa, la valorisation des déchets doit être conçue comme un mode de gestion efficace. Elle doit faire ses preuves pour la conservation et la durabilité des ressources urbaines disponibles. En effet, la Croix-Rouge et les maraîchers l'ont adoptée comme stratégie à multiples avantages environnementaux pour les communautés urbaines : vente des produits de compostage, engrais biologique pour l'amélioration de la productivité agricole, etc. Ainsi, quelques unités industrielles de la ville excellent déjà dans la revalorisation, par la transformation de certains déchets d'origine soit minérale, soit organique, soit inorganique, issus des dérivés des hydrocarbures : tessons de bouteille …

Le succès de la politique de la valorisation de déchets demeure moindre à cause de l'insignifiance de la quantité transformée et valorisée à l'échelle urbaine globale. En revanche, il convient de développer une politique rudologique (rebuts) intégrée de valorisation des déchets urbains. Le développement de cette politique recommande de prime abord la maîtrise de la répartition géographique des déchets de la ville de Kinshasa. Divers travaux de recherche relatifs à la répartition géographique des déchets ont été initiés par le BEAU méritent d'être pris en compte pour la gestion durable des déchets à Kinshasa.

Il y a lieu de signaler qu'il Il faut plusieurs approches et acteurs urbains pour la transformation et la valorisation des déchets. Car, les déchets produits dans la ville de Kinshasa sont divers. La stratégie de gestion environnementale des déchets est à envisager dans une approche de la totalité, afin de satisfaire le besoin urbain d'assainissement et la gamme de pollutions et nuisances induite par l'insalubrité des zones urbaines kinoises.

Le choix pour une politique de gestion écologico-économique de déchets doit permettre à la fois de lutter contre le gaspillage des ressources et créer de l'emploi, afin de satisfaire divers besoins humains. Cependant, pour la population kinoise profondément ancrée dans la moule de ''tout à la poubelle'', il faut une réadaptation au nouveau paradigme écologique de valorisation des déchets par l'éducation, la formation et la sensibilisation. Pour la durabilité urbaine, il y a donc nécessité de vulgariser le recyclage et le compostage dans la ville de Kinshasa, pour résorber la crise écologique d'amoncellement d'immondices ou de déchets solides ménagers d'origine organique, dans les places publiques.

Chapitre 5
Pollutions et espaces verts

L'environnement urbain étant un milieu complexe est un réceptacle de déchets et de pollutions. Ainsi, les espaces verts jouent un rôle crucial dans la lutte contre la pollution urbaine.

5.1. POLLUTION

La pollution est la dégradation d'un écosystème par l'introduction, généralement humaine, de substances ou des radiations altérant de manière plus au moins importante le fonctionnement de cet écosystème. A d'autres termes, c'est l'introduction, directe ou indirecte, d'un polluant dans un milieu déterminé (l'air, l'eau, le sol, etc.).

Ces polluants peuvent être d'origine naturelle ou anthropique.

- *pollution biologiqu*e (bactéries, algues, feuilles mortes, etc.),

- *pollution chimique* (dioxyde de soufre, monoxyde de carbone, etc.),

- *pollution physique* (bruit, radioactivité, chaleur, etc.).

Ces trois types de pollution, qui touchent l'air, l'eau, les aliments, le sol, sont le plus souvent la conséquence d'activités humaines.

5.1.1. La pollution l'échelle planétaire

A l'échelle planétaire, la pollution protéiforme est un spectre qui menace l'équilibre écologique de l'humanité toute entière. Elle est responsable d'environ 25 % de maladies diarrhéiques et d'infections pulmonaires (PNUE-GEO 3, 2002).

Ainsi, les principes de prévention, de précaution, de pollueur-payeur et de responsabilité sont des principes universels de résiliences aux menaces, risques et effets de pollution sur les écosystèmes et l'environnement humain. Cela suppose que les communautés urbaines prennent conscience des dangers précités et s'approprient la problématique de la pollution, pour des actions de résiliences de grande envergure. Malheureusement, ce qui n'est pas le cas de certaines villes de pays en développement., tel le cas de la ville de Kinshasa.

5.1.2. Principaux polluants à Kinshasa

Les principaux polluants dégradent ou altèrent la qualité de l'environnement urbain de Kinshasa.

Les polluants majeurs sont les suivants :

(a) *polluants chimiques* : produits d'émanation de gaz d'échappement des véhicules et produits de combustion d'incinération d'immondices ;

(b) *polluants physiques* : bruits divers ;

(c) *polluants biologiques* : micro-orgnanismes issus de la biodégradation des déchets solides ménagers et immondices.

En marge des polluants majeurs, il y a également les polluants mineurs :

(a) *polluants physiques* : poussière des chantiers et carrières, masse de poussières soulevées par les automobilistes ;

(b) *polluants biologiques* : microorganismes contenus dans les eaux usées ou les effluents ;

(c) *polluants chimiques* : produits résultats de l'utilisation des insecticides par les ménages, engrais chimiques utilisés pour les maraîchages, fumées d'incinération de pneus, fumées de combustion de bois de feu utilisés par les ménages pour l'énergie domestique.

La toxicité de ces divers polluants et leurs risques de vulnérabilités environnementales varient d'une nature de polluant à une autre ainsi que par leur concentration dans l'environnement. Peu importe cela, tous ces polluants sont dangereux dans l'environnement. Ils exposent les Kinois à plusieurs pathologies métaboliques, respiratoires, infectieuses aigues ou chroniques.

Les différents polluants identifiés dans l'altération des écosystèmes aquatiques figurent : hydrocarbure eaux vannes des ménages, effluents industriels et diverses substances. Toutes ces substances chimiques, physiques et biologiques se retrouvent dans le charriage lors des épisodes pluvieux des eaux usées et vannes des toilettes, traînant dans les rues, la vidange du contenu d'assainissement de fosses septiques par les services privés de la ville, l'écoulement des effluents industriels dans les cours d'eau, etc.

Toutes ces substances et les pollutions qu'elles génèrent sont à la base du déséquilibre écologique des cours d'eau et des sols de la ville de Kinshasa. Signalons que la quasi-totalité de cours d'eau endoréiques de la ville de Kinshasa sont hyper-polluées (la Yolo, la Kalamu, la Mangu, la Bitshakushaku, la Basoko, la Makelele, etc.), à part les cours d'eaux exoréiques, à savoir la Ndjili et la Nsele qui ont des débits liquides suffisants pour assurer l'autoépuration de certaines substances toxiques.

5.2. KINSHASA FACE À LA POLLUTION

La particularité de Kinshasa est que cette ville a mis en circulation un nombre considérable de véhicules de seconde main, n'ayant pas subi scrupuleusement un contrôle technique rigoureux. Par conséquent, la dangerosité et les vulnérabilités de pollutions atmosphériques dues aux véhicules à moteur, circulant à Kinshasa, reste indéniable. Ainsi, le terme « esprit de mort » collé aux minibus Mercedes 207 est révélateur, à la fois d'anomie technique dans la circulation routière, de pollution routière atmosphérique diffuse et incontrôlée, de quête d'affut à la mort d'homme, volontaire ou involontaire, etc.

Quant à la pollution biologique, prioritairement, elle est due notamment à la contamination des eaux par les matières fécales humaines. Les organismes mis en cause sont des coliformes fécaux. Cette pollution prend de l'ampleur à Kinshasa suite à la dégradation des conditions de vie environnementales et de l'hygiène publique. En effet, la ville de Kinshasa est confrontée aux problèmes d'accès à l'eau potable et d'assainissement du milieu : absence de latrines et défécation dans les espaces vagues, branchement de latrines aux cours d'eau, absence de traitement de déchets. Tous ces problèmes entraînent des contaminants biologiques dans les écosystèmes aquatiques, les eaux de boisson et de baignade : Kalamu, Yolo, Kemi, Makelele, Mokali, Mango, Basoko, Ndjili, etc.

Hormis la contamination de l'eau, un grand nombre d'aliments frais et cuits vendus sur la route (« kamundele », « kabri », « mama kanga », « evida ») souvent, soit mal préparés, soit mal conservés, sont pollués par des microorganismes et créent des intoxications alimentaires. Des moisissures polluent, contaminent ou infectent également la plupart d'aliments que les Kinois consomment : pain, chikwangue, restes de repas mal conservé… Cette pollution biologique n'est pas négligeable à Kinshasa, à cause de la chaleur et de l'humidité, deux paramètres climatiques qui jouent favorablement au développement de la mucosité microscopique alimentaire.

D'après l'OMS (2000) les risques toxicologiques et sanitaires de pollution multiforme sont multiples à Kinshasa : pour les pollutions physiques et chimiques : les matières en suspension (MES), les fibres et poussières empêchent le développement de plantes, suite à la réduction d'activités photosynthétiques ; ils entravent l'hématose (échange sang et oxygène) et aggravent les maladies pulmonaires et cardiaques ; les oxydes d'azote provenant de combustibles (94 %, du transport, de chauffage, d'usages industriels) perturbent le bon fonctionnement des poumons et sont responsables d'asthme et de la bronchite; les oxydes de soufre produits dans l'atmosphère irritent les voies respiratoires ; les monoxydes de carbone (CO), en provenance de gaz d'échappement de voitures et combustions ménagères sont des poisons qui altèrent la capacité du sang à transporter ; les hydrocarbures de garages sont cancérigènes pour les organismes humains ; les métaux lourds (plomb et cadmium) présents dans l'eau de consommation et des combustibles fossiles altèrent le fonctionnement du rein et d'autres systèmes; les insecticides organophosphates et carbamates utilisés à Kinshasa dérèglent l'influx nerveux et endommagent le système nerveux.

D'autres formes de pollution enregistrées dans la ville sont : la pollution sociale (pauvreté : vision de Gandhi), la pollution psychosociale (stress, tensions et violences urbaines, dépendance sociale, prostitution, drogue, etc.), pollution spirituelle (prolifération et cacophonies des religions), pollutions sonores (la vibration mécanique de moteurs, musiques de veillées mortuaires, bars…), pollution intérieure (peinture, combustion des combustibles de biomasse, fibres des amiantes, poils des animaux, toiles d'araignées, acariens, punaises…), pollution électromagnétique (antennes de radio, de la télévision, installation électrique d'éclairage, ondes de cellulaires) etc. Toutes ces pollutions additionnelles méconnues et mal quantifiées sont des sources immenses de vulnérabilités environnementales.

En somme, sur le plan de vulnérabilités environnementales, il n'y a pas de doute que les zones périphériques à ces différents foyers de pollutions sont des points chauds, géopathogènes. Les menaces et risques de vulnérabilité accourus par les populations sont d'ordre matériel, sanitaire, social, culturel… Sur le plan sanitaire, l'espérance de vie de Kinois a sensiblement baissé (48 ans pour l'homme et 51 ans pour la femme (Ngutu, 2024) à cause de la pauvreté, de vulnérabilités environnementales et des effets multiplicateurs de la détresse humaine. Egalement, les formes sociale et culturelle de pollution urbaine ont des effets pervers sur l'environnement humain : aliénation, délabrement des mœurs dans l'urbanité, tensions et violences (« koulouna ») ...

Dans l'ensemble, les femmes enceintes, les enfants de moins de cinq ans, les personnes âgées, les personnes malades et en dépression immunitaire sont des catégories sociales très exposées aux vulnérabilités des effets nocifs et toxiques de la pollution multiforme.

A Kinshasa, les sites de cimetières sont lotis anarchiquement et occupés par des établissements humains, sans des traitements chimiques préalables (ou désinfections), car la population ignore la pollution biologique et chimique des organismes vivants morts, en décomposition, dans des cimetières et leurs risques sur la santé humaine. Sur un autre registre de la méprise de résiliences figurent les pollutions sonores qui sont omniprésentes à Kinshasa, parce que l'autorité urbaine néglige leur réglementation dans la sphère. Il faut donc une politique urbaine appropriée et efficace en la matière d'une part et, d'autre part, une mise en place d'un arsenal juridique performant pour lutter contre la pollution, sous toutes ses formes

A Kinshasa, la pollution s'aggrave saisonnièrement, parce que les actions et mesures visant soit à anticiper, soit à faire face, soit à résister aux pollutions n'existent quasiment pas. Lorsqu' elles existent, elles sont très inefficaces. Par conséquent, l'environnement physique urbain subit ou encaisse plus les effets de pollutions, sans engager significativement des actions ou mesures de résiliences. Pire, avec la pauvreté urbaine généralisée, les astreintes infligées par l'homme à l'environnement ne font que croître avec leurs effets défavorables sur la qualité environnementale urbaine et la santé humaine de la population.

Face à la complexité de problèmes environnementaux urbains, il ressort que la lutte ou la résilience aux pollutions urbaines est d'abord culturelle. L'on ne peut pas combattre les pollutions si l'on ne connaît pas ce qu'elles signifient (mauvaise perception et aperception de la pollution), l'identification de polluants urbains majeurs, la mesure de leur vulnérabilité qui est fonction de : durée d'exposition aux risques, lieu d'exposition, sensibilité aux risques, capacité de réponses des personnes en société (Lambin, 2009 ; Mbuyi, 2012 ; Musibono, 2014). Or, une frange importante de la population ignore l'existence de beaucoup de polluants chimiques qu'elle côtoie au quotidien (gaz toxiques, métaux lourds, insecticides, intrants agricoles, colorants, etc.). Cette ignorance de la pollution induit un euphémisme dans l'approche systématique de résiliences urbaines face aux pollutions.

5.3. PROTECTION DE L'ENVIRONNEMENT URBAIN CONTRE LA POLLUTION

La protection de l'environnement contre la pollution englobe diverses mesures et actions à mener visant à empêcher ou à minimiser la création de polluants. A titre d'exemple :

Face à la pollution de l'air : augmenter la disponibilité des espaces verts, privilège les contacts avec la nature, limiter l'utilisation des désodorisants, renouveler l'air plaisir fois par jour dans la maison, éviter l'usage de cigarette en l'intérieur de la maison, limiter le libre passage des véhicules les plus polluants, promouvoir le transport en commun, etc.

Face à la pollution du sol : réduire la production des déchets, limiter l'utilisation de fertilisants chimiques, mieux encadrer la gestion des matières dangereuses, mettre stop à la déforestation, regrouper les restes toxiques, féériser les sols de façon durable, règlementer la fertilisation des sols, utiliser les engrais biologiques, etc.

Face à la pollution de l'eau : réaliser une épuration des eaux avant leur rejet direct, réduire de risques de pollution accidentelle, réduire l'utilisation des produits toxiques, utiliser des produits ménagers non toxiques, etc.

En effet, la vie éthique environnementale est assurée grâce à l'Information régulatrice. Cette dernière concerne l'information que l'écologie met à la disposition de l'homme pour lui permettre de réguler tous les équilibres ou pour préserver ces derniers, voire les harmoniser. Elle comprend des lois et principes essentiels pour la gestion rationnelle de l'environnement. Il s'agit notamment :

1. *principe de précaution* : selon ce principe, il ne faut attendre qu'il ait une catastrophe pour agir ;

2. *principe de prévention* : mieux prévenir que guérir ; lorsqu'on prévoit on dépense moins ;

3. *principe de responsabilité* : en tout lieu, en toute circonstance, poser des actes responsables (consommateur-payeur ; pollueur-payeur) ;

4. *principe de solidarité* : être solidaire avec les générations actuelles et futures. Il faut que ceux qui viendront vivent dans un espace viable.

En somme, ces 4 principes aident l'homme à pouvoir évaluer ses propres actions sur la vie et la nature dans son ensemble. Connaître tous ces principes fait partie « de la culture verte ou de la culture écologique ».

5.4. ESPACES VERTS

La ville étant une totalité est un écosystème *URBS*. Constitutivement, elle est composée d'éléments naturels et artificiels. Ces deux types d'éléments en interactions multiples et profondes doivent s'organiser harmonieusement afin de permettre un bon fonctionnement et une évolution optimale du système urbain.

La connaissance et le respect des conditions naturelles est un principe sacré dans la conception, l'organisation et le fonctionnement d'un écosystème *urbs*. Les conditions naturelles méritent d'être bien identifiées et comprises dans la perspective de mise en œuvre des villes durables.

Les espaces verts sont les poumons de la ville (E. Lambin, 2009). Cet auteur fait allusion à toutes les villes de la planète. Godard (2006) lie la ville écologique à la nature verte, car, les espaces verts servent à la maximisation du bien-être.

C'est dans cet esprit que Kalaora (1998) s'est fait l'apôtre des espaces verts urbains. Il démontre que les espaces verts urbains sont ''des hauts lieux d'accueil, de loisirs de citadins''. Décapiter les espaces verts, c'est vulnérabiliser la ville et la tuer dans son essence naturelle.

5.4.1. Phytocénose

La phytocénose est la communauté vivante des végétaux. Elle constitue la forme d'organisation vivante autotrophe. Les végétaux forment les producteurs primaires. De ce fait, la phytocénose se situe au premier niveau ou degré d'organisation dans la chaîne trophique. Par ce concept, l'on prend en considération les formations végétales et/ou la flore d'une région.

La végétation de Kinshasa est classée dans la région guinéo-congolaise de White. Les espèces typiques de cette région sont regroupées en différentes formations végétales : forêts, savanes et formations végétales semi-aquatiques et aquatiques des vallées du Pool Malebo (Kikufi et Lukoki, 2008).

5.4.2. Formations forestières

Pain (1984) et Binzangi (2012), font remarquer que i Kinshasa était une mosaïque de forêts et savanes. Les caractères contigus de ces deux types de végétation donnaient à Kinshasa une physionomie variable. De nos jours, l'écosystème *urbs* Kinshasa est monotone. En effet, les forêts ont été endommagées et ont disparu, à cause des agglomérations humaines, des complexes industriels, des implantations des infrastructures de voies de communication, des constructions des établissements scolaires et universitaires, des marchés, espaces maraîchers, etc.

Toutefois, il y a lieu de noter la persistance de quelques lambeaux forestiers isolés dans certains espaces de terre ferme ou de cours d'eau de la ville : plateau des résidents UNIKIN, monastère des Prémontrés, Kisenso, Lac de Ma Vallée, site Lola ya Bonobo, Kimwenza gare, Mbudi, site de l'Ecole américaine de Ngaliema, forêt galerie de la Nsele et Maluku (Plateau de Bateke). Toutes ces forêts secondaires sont menacées de disparition, suite à la pression sur les ressources forestières due à l'exploitation forestière artisanale illégale, à la commercialisation des espèces ligneuses précieuses pour les bois d'œuvre, à la collecte de bois de feu, à l'extension des zones cultivées, aux feux de brousse incontrôlés, etc. Toutes ces pratiques, régulières, contribuent à la dégradation forestière et détruisent les lambeaux forestiers connus dans la ville de Kinshasa. A titre d'exemple, le lambeau forestier de Binza-Météo, à Ngaliema, a disparu de cet espace physique !

Tous les lambeaux forestiers abritaient certaines espèces de forêts semi caducifoliées subéquatoriales et péri-guinéennes de J. Lebrun et G. Gilbert (Pain, 1975) et des espèces typiques de forêts secondaires. Les espèces végétales que l'on retrouve dans les formations forestières secondaires de Kinshasa sont : *mimosacae* (Albizia adianthifolia, Albizia lebbeck, *Leucaena leucocephala* de Wit., *Pentaclethrae etveldeana* de Wild. Et Th. Dur, *Pentaclethramacrophylla* (Benth.), *loganiaceae*

(*Anthocleistas chweinfurthii* Gilg.), *moraceae*(*Ficus lutea*), *Hymenocardiaceae* (*Hymenocardia ulmoides* Oliv.). Dans les zones collinaires du Sud-Est et du Sud-Ouest, l'on trouve entre autres : *Hymenocardia acida*, *Syzyglum macrocarpum*, *Anona arenaria*, *Crossopterix febrigum*, etc.

Malheureusement, la dégradation accélérée de formations forestières de Kinshasa détruit les diaspores et appauvrissent la flore de la région. Cette situation constitue une source de vulnérabilité environnementale. La population n'a plus accès à certaines espèces d'utilité pharmaceutique pour se soigner de certaines maladies. C'est le cas de forêts galeries de la Nsele et de la Lukaya, qui ont été saccagées et dont les dégradations privent les populations locales de certaines ressources indispensables.

5.4.3. Savanes arbustives et herbeuses

Schnell (1976) souligne le fait que la savane forme l'un des principaux types de végétation des pays tropicaux. Partant de la considération de cet auteur, étant donné que la présence de forêts connaît un recul à Kinshasa, les savanes en extension variable dans leurs étendues sont devenues des végétations dominantes. Elles sont des végétations ubiquitaires dans la région de Kinshasa.

Letouzey (1982), en se basant sur la présence, la nature et la densité des arbres et arbustes dans un espace donné distingue quatre types physionomiques de savanes : boisée, arbustive, arborée et herbeuse. Kinshasa était en grande partie constituée de savanes arbustives et herbeuses. Pour ce même, la savane arbustive est une typologie de végétation composée de deux strates : herbacée et arbustive. Ces deux strates s'adjacent de telle manière que l'on a à faire à un tapis dense de graminées sur lequel s'érigent quelques arbustes, dont la taille ne dépasse pas 10 m de hauteur et dont la densité reste, somme toute, faible. En revanche, la savane herbeuse est une végétation composée essentiellement d'une seule strate herbacée, faite d'un tapis dense des espèces vivaces graminéennes au sein duquel, il est possible d'observer de rares arbustes.

Toutes les savanes de Kinshasa sont essentiellement des savanes à *Hymenocardia.* Elles sont dues essentiellement au type de substrat sableux à faible granulométrie, caractérisé par une faible teneur en matière organique et une acidité élevée dans sa composition.

Cependant, dans leur dynamique, les activités anthropiques et les feux de brousse fréquents empêchent les formations savanicoles de Kinshasa d'évoluer vers les forêts climaciques locales à *Millettia laurentii.* Au contraire, à cause de ces facteurs, les savanes arbustives de Kinshasa régressent rapidement vers des formations herbeuses à dominance de *Laudettia arundinicea, Afromomum stipulatum, Hyparrhenia displandra*, etc.

Outre les aspects décrits précédemment, nous faisons remarquer qu'en se basant sur l'inventaire des espèces végétales mises en culture dans les parcelles, en milieu urbain kinois plusieurs espèces fruitières et de légumes diverses sont cultivées.

5.4.4. Destruction de couvert végétale

Le constat de ravage est fait au niveau de tous les quartiers à Kinshasa. Pourtant dans l'ancien temps colonial, les espaces verts de Kinshasa étaient de véritables éléments régulateurs, détruit par la crise écologique des années 1970. De ce fait, les espaces verts sont toujours vulnérables à la dégradation continue, à la cause de la pression démographique sur la flore et la végétation urbaine et du manque de politique d'aménagement urbain.

Pain (1984), note que la crise de la ville de Kinshasa se situe dans les années 1980. Avec certaines manifestations palpables de la destruction systématique de ses écosystèmes naturels. Actuellement, comme aussi hier, le couvert végétal connait un défrichement permanent, soit pour des activités agraires, soit pour la construction des bâtiments. D'où, la ville en déséquilibre écologique a emprunté la voie des dégradations de tous les genres : érosion, perte de masses de terre, ilot de chaleurs…

Tous ces problèmes saillants évoqués par l'auteur, sont des sources de vulnérabilités environnementales au sein de l'îlot forestier de monastère.

En effet, la phytocénose est une composante biocénotique importante de l'écosystème naturel (terrestre ou aquatique) et anthropisé. Constitutivement, la phytocénose urbaine de Kinshasa comprend : espaces verts, horticulture, plantes cultivées, végétation sauvage des écosystèmes terrestres et aquatiques… Cependant, la dégradation des espaces verts est source de facteurs de vulnérabilités écologiques de milieux. Elle a un impact négatif sur la flore et la faune urbaine.

Or, Kinshasa qui a connu une végétation riche est actuellement en perte de configuration floristique et faunique. Pour vérifier l'état actuel de la flore, de sa dégradation environnementale et vulnérabilité écologique, l'enquête a porté sur l'existence ou non des espaces verts dans les quartiers enquêtés et, éventuellement sur les superficies qu'elles contiennent.

Pour l'existence de la flore dans la ville, 94,60 % de ménages possèdent de la végétation dans leurs parcelles. Au regard de ces résultats, l'on se rend compte que les Kinois semblent comprendre l'importance de la végétation.

L''arbre fait partie de la vie des Kinois. L'abondance d'arbres dans cette ville s'explique par le souci d'avoir de l'ombrage dans la parcelle, la consommation et la vente de fruits : mangue, avocat, pomme rouge, safou, noix, etc. De ce fait, l'on s'interdit de couper l'arbre fruitier à Kinshasa. Le couper c'est rendre non seulement un ménage « pauvre », mais cela constitue une source de vulnérabilité environnementale.

Cependant, les espaces verts sont rares à Kinshasa. Les résultats indiquent que 86,5% de ménages ne possèdent pas d'espace vert dans leur quartier contre 13,5 % des ménages qui affirment en avoir possédé. Le mauvais aménagement, les constructions anarchiques, le saccage écologique, le feu de brousse..., détruisent les espaces verts résiduaires. La rareté d'espaces verts vulnérabilise les populations kinoises, en les privant de lieu de détente par excellence, à savoir la nature.

La pollution atmosphérique, des bouffées de chaleurs nocturnes et diurnes, le réchauffement climatique et la faible précipitation enregistrée dans certains quartiers de Kinshasa sont dus, soit à la réduction de la densité des arbres sur pied, soit à l'absence d'arbres dans les milieux, soit à la destruction sauvage des espaces verts.

A Kinshasa, la destruction du couvert végétal 'est l'une des causes de multiple inondations et de dégradation du site. En effet, la végétation retient une quantité importante d'eau de pluies soit par interception soit par percolation. En outre, la présence de la végétation joue un rôle régulateur important au point de vue hydrologique. La masse d'eau stockée dans le sol au niveau des nappes phréatiques grâce à l'infiltration est restituée progressivement aux rivières par les sources ce qui est un facteur important pour la régularisation du régime des cours d'eau. Et ceci permet d'éviter à la fois l'assèchement complet pendant la saison sèche et des crues brutales en saison des pluies. Dans le cas contraire c'est-à-dire en absence de couvert végétal, toutes les eaux de ruissellement sont entraînées vers les cours d'eau qui se remplissent de manière brutale entraînant des crues très graves et des inondations catastrophiques. C'est la situation que l'on observe dans plusieurs quartiers.

5.4.5. De l'importance d'arbres à Kinshasa

La qualité de vie urbaine dépend de l'importance du couvert végétal. Depuis son origine, Kinshasa tire des bénéfices écologiques des arbres et espaces verts de son milieu. Or, de plus en plus, les formes arborescentes, ressources vitales pour l'environnement, connaissent une décroissance négative (dans leur dynamique naturelle). La présence d'arbres et de corridors de végétations ligneuses se raréfient des espaces publics et privés. Ainsi, les citadins sont devenus vulnérables face aux perturbations climatiques, aux vents violents, aux pollutions de particules physiques (poussières) et chimiques (métaux lourds), aux catastrophes naturelles (érosions, inondations), aux bruits sordides, aux stress psychologiques divers... Tout ceci survient dans l'environnement urbain de Kinshasa, parce que l'arbre est encore loin d'être perçu par certains Kinois comme une ressource vitale pour la société, les agglomérations humaines.

Cependant, à Kinshasa, la résilience écologique locale ou régionale aux changements écologiques est assurée grâce à la présence de quelques arbres plantés ou subspontanés qui subsistent dans certains sites, milieux, quartiers ou parcelles. A Kinshasa, 69,31 % de ménages ont un arbre dans leur parcelle et 30,69 % d'entre eux n'en ont pas (Munkuamo, 2018).

Sans doute, de multiples causes joueraient en faveur de l'inculture écologique d'absence d'arbres dans la parcelle de certains ménages enquêtés, en l'occurrence : démembrement de la parcelle; vieillissement ou chute spontanée de l'arbre de la parcelle; coupe d'arbre menaçant la stabilité architecturale d'ouvrages dans la parcelle (habitation, puits d'eau, garage...) ; coupe d'arbre pour l'érection de logement; vente de fûts d'arbre auprès de boulangers, charbonniers et pour des buts lucratifs ; désintérêt pour l'arbre; etc.

De notre point de vue, toutes ces raisons ne peuvent pas exclure la culture de l'arbre dans la parcelle pour ses multiples biens et services écologiques. D'où, pour nous, cela tient de l'irresponsabilité écologique dont les effets cumulés dans le chef des responsables de ménage, foyers et parcelles peuvent s'avérer, à la longue, une grande menace pour l'équilibre écologique urbain.

Quant aux ménages qui ont un arbre dans leurs parcelles, on note plusieurs raisons qui les auraient motivés à l'arboriculture parcellaire : récolte de fruits comestibles (39,63 %) ; ombrage, humidité et atténuation du climat (19,39 %) ; lutte antiérosive et brise-vent pour la protection de la parcelle (16,59 %) ; activités photosynthétiques et amélioration de la santé du milieu (15,37 %) ; raisons économiques : vente de fruits, litière... (4,73 %) ; soins médicaux par la phytothérapie (3,47 %) et diverses motivations: souvenir d'un événement, limitation de la parcelle, esthétique du milieu, etc... (0,54 %).

Toutes ces motivations divergent à cause des intérêts que chaque ménage accorde à l'arbre planté ou subpontané existant dans la parcelle. En effet, c'est la motivation qui donne de l'intérêt à une initiative écologique, à l'instar de celle de l'arboriculture. Par exemple : dans une parcelle occupée par un bailleur et quelques locataires, l'arbre appartient au propriétaire de la parcelle. Il a tout intérêt à le préserver et à détenir les droits issus de la production de son arbre (fruits). Les locataires ont très peu d'intérêt pour l'arbre dans la parcelle, car ils ignorent la motivation qui aurait conduit à l'existence de l'arbre dans leur cadre de vie. Très souvent, les locataires ne bénéficient que d'autres services écologiques subsidiaires : ombrages, brise-vent, photosynthèse, etc.

5.4.6. Fonctions d'espaces verts urbains

Les espaces verts jouent un rôle crucial pour l'environnement et la santé en milieu urbain dont la lutte contre la pollution. Ils régulent naturellement la température des villes. La présente de végétations en ville améliore la qualité de l'air, la réduction des ilots de chaleur, la diminution de la pression sur les égouts et le système d'épuration municipal.

Les espaces verts purifient l'air et participent à la protection de l'air et des sols ; l'espaces verts favorisent la biodiversité urbaine. La présence de végétations offre plusieurs bienfaits pour l'environnement et la santé en milieu urbain.

5.4.7. De la politique de boisement ou de reboisement

La politique de boisement et reboisement doit viser soit la constitution ou la réhabilitation des espaces verts, soit à établir, soit à reconstituer au sein des espaces verts détruits de la ville de Kinshasa. Le boisement et le reboisement font partie des conditions essentielles de la présence des espaces verts dans tout milieu urbain. Ces deux recommandations de Rio I (1992) entrent dans la stratégie essentielle de durabilité urbaine prônée par ce Sommet.

Dans cette option, la création et la multiplication d'autres nouveaux espaces verts disséminés dans les 24 communes de la ville de Kinshasa, pour la protection écologique urbaine (éco-protection urbaine) doivent être opérationnelles et effectives. En effet, les anciens et les nouveaux espaces verts de Kinshasa vont constituer la biocénose de l'écosystème *Urbs* Kinshasa pour établir l'équilibre écologique perdu de cette ville suite aux multiples activités anti-écologiques urbaines (industrialisation, déforestation, feux de brousse, agriculture archaïque, constructions anarchiques, pseudo-révolution de la modernité). Les espaces verts, dans toutes leurs formules (forêts, savanes, potagers familiaux, jardins suspendus, jardins ouverts, parcs écologiques, terrains de loisirs divers, espaces semi publics, ardins éducatifs…) sont des micro-écosystèmes urbains et constituent le poumon urbain favorisant les systèmes ou organismes vivants.

A Kinshasa, alors que la plupart des espaces verts se sont dégradés et devenus non arborés, ils laissent derrière eux la désolation urbaine (Binzangi, 2014). Il est temps de commencer à reboiser les espaces urbains pour donner signe et espoir de vie. C'est pourquoi, la restauration des espaces verts est un moyen préventif pour restituer les patrimoines floristiques, fauniques et paysagers du sol, du sous-sol, de l'atmosphère, des eaux, etc.

La politique de boisement et reboisement permettra à l'écosystème urbain Kinshasa de se regarnir de toutes ses parures vertes comme autre fois.

Cependant, dans cette politique de boisement et reboisement de la ville, le choix des espèces à planter doit être judicieux, en vue de préserver l'équilibre écosystémique urbain. Pour une durabilité écologiquement mieux intégrée, la politique de boisement et reboisement doit tenir compte des espèces endogènes ou autochtones qui ont une grande importance écologique, symbolisant les diverses réalités culturelles de populations locales.

Chapitre 6
Revenus mensuels

Le faible revenu mensuel fest l'un des indicateurs de vulnérabilités économiques à Kinshasa.

En effet, à Kinshasa, les revenus mensuels de ménages sont faibles. Un grand nombre de ménages (69,15 %) (Munkuamo, 2022) disposent d'un revenu mensuel faible (moins de 200 dollars américains). Cette situation s'explique entre autres par le mauvais traitement salarial dont sont victimes certaines catégories socioprofessionnelles (fonctionnaires, enseignants, militaires, infirmiers…) de la part de leur employeur, l'Etat congolais et par le manque de politique salariale nationale.

Ce maigre niveau de salaire vulnérabilise les ménages kinois, à tel point que plusieurs parents ont des difficultés pour satisfaire les besoins essentiels de ménages et poussent les Kinois à consommer n'importe quel produit pour survivre, pourvu qu'il soit acheté à un vil prix.

Tableau 6.1. Répartition de ménages selon le revenu mensuel

Revenu mensue l	Funa	Lukunga	Mont-Ngafula	Tshangu	Total
	Bandal Kalamu Kasa-vubu Sele-mbao	Gombe Kitambo Ngalie-ma Mont-Ngafula	Kinsese Lemba Limete Ngaba	Kimba-nseke Masina Ndjili Nsele	

1 à 199$	182	270	564	557	1573
200 à 399$	430	258	173	213	1074
400 à 599$	142	185	44	28	399
600 et plus	46	87	19	02	154
Total	800	800	800	800	3200

Source : Munkuamo, 2025.

Les résultats du tableau **6**.1 attestent qu'à Kinshasa, environ 50 % des ménages vivent avec un revenu mensuel inférieur à 200 dollars US. En considérant la moyenne de la taille d'un ménage africain (7 individus), l'on établit que chaque individu vit avec environ 0.95 dollars US/jo

Au niveau national, ce « revenu toxique » traduit la forte récession économique et l'impuissance de l'Etat dans la rémunération décente des services lui rendus par la population. Ce revenu per capita est trop faible.

Au niveau de la capitale, avec son exubérance de modes de vie, le revenu ne fait que générer la pauvreté de masse et la misère. Dans ces conditions, il y a accélération de vulnérabilités économiques pour les variables dépendantes du revenu : alimentation, éducation de base, soins de santé primaires, etc. Les Kinois ne doivent que lutter au quotidien pour se libérer des ornières et serres de vulnérabilités environnementales. De fois, les Kinois ne trouvent pas mieux que de s'adonner à des pratiques avilissantes (mendicités, vols, cambriolages, etc.) pour réduire les risques de vulnérabilités pesant sur leur existence.

Par ailleurs, les résultats du tableau 6.1 mettent en relief le fait que 12,46 % ont plus de 400 dollars américains.

Seulement 4,81 % qui ont un revenu assez bon (600 dollars américains). La plupart d'entre eux évoluent dans les métiers libéraux (Commerçants, Professeurs des universités, Médecins, Avocats, Ingénieurs, Architectes...) et des sociétés privées où les emplois sont rémunérateurs. Cette catégorie a un niveau de vie acceptable et tente de faire face assez facilement aux divers problèmes de la vie, voire de l'habitat.

6.1. ASPECTS DE LA VARIABLE POUR L'ALIMENTATION

Au niveau du ménage, le premier investissement du revenu familial sert à l'alimentation, source énergétique des fonctions biologiques des vivants. L'alimentation humaine doit être de qualité et de quantité suffisante pour assurer la sécurité alimentaire, une variable fortement corrélée au revenu du ménage.

a) de la bourse journalière consacrée à l'alimentation des ménages

Pour bien évaluer les risques de vulnérabilité due à l'insécurité alimentaire des ménages, les résultats du tableau (6.2) différentient la bourse journalière affectée à l'alimentation et aux problèmes y relatifs.

Tableau 6.2. Montant déboursé chaque jour pour l'alimentation

Montant journalier pour l'alimen-	Funa	Luku-nga	Mont-Amba	Tshangu	Total

tation (FC)					
	Bandal Kalamu Kasa-Vubu Sele-mbao	Gombe Kitambo Mont-Ngafula Ngalie-ma	Kisenso Lemba Limete Ngaba	Kimban-senke Masina Ndjili Nsele	
Moins de 5.999	148	124	237	345	854
6000 - 11.999	374	152	245	298	1069
12.000 - 17.999	177	191	181	86	635
18.000 - 23.999	66	183	57	34	340
24.000 - 29.999	20	85	56	21	182
30.000 - 35.999	13	45	22	10	90
36.000 et plus	2	20	2	6	30
Total	800	800	800	800	800

Source : Munkuamo, 2025.

Il existe plusieurs paliers de bourses familiales consacrées par les ménages à l'alimentation. Le premier palier stratifié renferme 33 % de ménages. Il s'agit de ménages qui déboursent/jour 6 à 11 mille (3 dollars américains) de francs congolais. Le deuxième palier est composé de 26 % de ménages qui déboursent moins de 6 mille de francs congolais (2 dollars américains) pour l'alimentation. Pour des ménages populeux kinois dont la moyenne est estimée à près de 7 sujets, cette modique somme d'argent (6000 FC) pour assurer le repas du ménage symbolise tout simplement la vulnérabilité économique.

En effet, l'immanence de cette dernière condamne la catégorie de ménages démunis à fréquenter sans relâche, des marchés de poussée spontanée des heures tardives (« zando ya bi tula ») pour s'approvisionner en divers produits alimentaires de la honte : os de volailles dépouillés de chaire, cous des aviaires démembrés, serres, croupions de dindons « masoko ya dindon », viscères des chevaux (« mabumu »), pattes de poules, pieds de porcs « makoso », etc., reconnus comme des produits destinés pour satisfaire la bourse de vulnérables économiques, dénommés à Kinshasa, avec la folie avilissante de la démocratie: le petit peuple. Le troisième pallier compte 19 % de ménages qui débloquent 12 à 17 mille francs congolais pour l'alimentation et enfin, le quatrième pallier comprend 10 % de ménages pouvant débourser 18 à 23 mille de francs congolais pour l'alimentation.

En fait, l'analyse des données du tableau 6.2 affirme que plus de 78 % de ménages à Kinshasa déboursent journalièrement moins de 20 mille de francs congolais (équivalent de plus ou moins 7 dollars américains) pour l'alimentation des ménages. Cette somme insignifiante arrive par miracle afin d'assurer le panier de la ménagère. Les activités de résiliences joueraient assez positivement pour l'accroissement de revenu consacré à l'alimentation.

b) de l'existence ou non de problèmes alimentaires au sein des ménages enquêtés

A Kinshasa, 58,03 % de ménages rencontrent effectivement des problèmes d'alimentation. Les problèmes sont multiples et sont éventuellement relatifs à : la sous-alimentation de ménages, la mal nutrition de ménages, le délestage alimentaire de ménages, la monotonie dans le régime alimentaire, la dépendance alimentaire de certains ménages par d'autres ménages, la mauvaise conservation d'aliments, etc.

Tous ces problèmes révèlent un malaise et des angoisses alimentaires profonds inhérents à l'insécurité alimentaire, aux risques de maladies protéinoénérgétiques et à la vulnérabilité sanitaire. Au cœur de tous ces problèmes, le nœud gordien ou le nerf de guerres reste le revenu du ménage consacré à l'investissement de l'alimentation familiale.

c) *de la fréquence journalière de prise de repas par les ménages*

Le revenu transparait par le niveau de vie sociale, mais aussi par la fréquence journalière de prise de repas par les ménages. Les données relatives à la question de la variable alimentation, présentées par les ménages sont indicatrices de la capacité ou non des ménages à procurer une alimentation suffisante à leurs membres. Dans l'analyse de ce problème socioéconomique, l'étude part de l'hypothèse selon laquelle : plus la fréquence journalière de repas est faible, plus il y a vulnérabilités économiques et incapacité du ménage à nourrir décemment ses membres. Nous tenons à rappeler que d'après la diététique, la fréquence ou le nombre de prise de repas au cours d'une journée assure la sécurité alimentaire du sujet nourri et lui procure plusieurs avantages sanitaires, social...S'agissant du nombre de repas, ils sont repris dans le tableau 6.3.

Tableau 6.3. Nombre de repas pris par les ménages enquêtés par jour

Nombre de repas par jour	Funa	Lukunga	Mont-amba	Tshangu	Total	%
	Bandal Kalamu Kasa-Vubu Selembao	Gombe Kitambo Mont-ngafula Ngaliema	Kinseso Lemba Limete Ngaba	Kimbasenke Masina Ndjili Nsele		
1 repas	179	200	304	254	397	29,28
2 repas	420	268	390	425	1503	46,97
3 repas	193	327	106	113	739	23,09
4 repas et plus	8	5	00	08	21	00,66
Total	800	800	800	800	3200	100

Source : Munkuamo, 2025.

Les fréquences journalières de prise de repas, sans distinction des heures, sont multiples. Il s'agit :

- *deux repas par jour* (46,97 %). Généralement, il s'agit du petit déjeuner (café ou thé lacté ou non accompagné d'un morceau de pain) n'importe quelle heure de l'avant midi et un autre repas dans l'après-midi (souper fait de recettes alimentaires locales) ;

- *un repas par jour*, qualifié par les Kinois de gon unique (29,28 %). Quant aux vulnérabilités économiques liées à la fréquence alimentaire journalière, elle est mieux identifiée auprès des ménages qui n'ont qu'un repas par jour. Dans ces conditions, c'est la nature du repas, la quantité et la qualité qui détermine les vulnérabilités économiques et la sécurité alimentaire.

- *trois repas par jour* (23,29 %) et

- *quatre repas par jour* (0,66 %). Il est aussi possible de constater quelques rares ménages qui prennent quatre repas par jour. Ce cas de forte fréquence alimentaire est une affaire d'une infime partie de la population (0,66 %). Dans cette catégorie de population, l'on compte des ménages des expatriés et certains dignitaires nationaux.

d) ***de la qualité et variété du repas journalier pris par les ménages***

Dans l'alimentation, la qualité l'emporte sur la quantité. Ainsi, les dérives éventuelles sur la qualité de l'alimentation d'un ménage ou d'une communauté humaine peuvent fixer l'opinion, dans une certaine mesure, sur les vulnérabilités socioéconomiques.

Par un repas de qualité, il s'agit d'un repas équilibré et susceptible de fournir à la personne des ressources énergétiques d'origine végétale et animale nécessaires pour le bien-être physique et mental de l'individu. D'où, il faut toujours compter sur la variété de repas pour une meilleure sécurité alimentaire.

A Kinshasa, au niveau de divers ménages sur la suffisance ou la qualité de repas qu'ils prennent journalièrement, 52,62 % prennent un repas suffisant et de qualité dans leurs ménages. Quoique monotone, la nature de repas pris par la population (poulet, viande, cuisse, poisson frais, feuilles de manioc, feuilles de patate douce, « kikalakasa », haricot, « bitekuteku », épinards, chenilles, sucres, etc.) permet de parer tenter aux insuffisances alimentaires graves et de réduire les vulnérabilités protéinoénergétiques.

Plusieurs raisons seraient à la base de cette situation nutritionnelle au sein des ménages : faible revenu ménager, ignorance de la diététique, culture, milieu de vie, etc. Pour suppléer à cela, les Kinois ont pris du goût au « malewa », repas des rues (*streetfoods*), une solution alternative appauvrissant, avec plusieurs risques sanitaires sur les consommateurs. La monotonie de repas est un phénomène réel à Kinshasa. Cette situation, due aux vulnérabilités économiques des ménages constitue un obstacle pour l'élargissement du régime alimentaire.

e) ***de la conservation des aliments des ménages***

La conservation des aliments est un processus important pour le maintien de la qualité des aliments à consommer. A Kinshasa, il se pose effectivement un problème de conservation et conditionnement. En effet, le déficit dans la conservation des aliments, pour de multiples raisons (vulnérabilités énergétique et économique) expose les populations kinoises aux vulnérabilités alimentaires, facteur de risque de crise sanitaire.

Au sujet du problème de conservation des aliments, à Kinshasa, un nombre de ménages, (48,87 %) ont la mauvaise conservation de leurs aliments. Cela résulterait de : manque de frigo, à cause de la précarité du salaire et de délestages ou coupures intempestives de l'électricité dans les quartiers, mais aussi à l'absence de la couverture de réseau électrique dans les quartiers périphériques (Mpasa, Badara, Mbudi, etc.). Pour faire partiellement face à ces problèmes, certains ménages ont opté pour les alternatives suivantes : conservation des aliments dans des marmites, consommation intégrale de tout ce qui est disponible, boucanage de vivres frais, etc. Toutes ces solutions alternatives s'accompagnent de leurs propres vulnérabilités : vivre sans provision alimentaire, fortes dépenses journalières affectées à l'alimentation...

6.2. VARIABLE DÉPENSES POUR ASSURER L'ÉDUCATION DE BASE

Pour assurer l'éducation de base des membres du ménage, un budget conséquent doit être alloué par cette fin. Ainsi, le nombre d'enfants scolarisés dans le ménage, l'accès à l'école, la qualité de l'enseignement, le salaire des enseignants et tant d'autres paramètres liés à l'éducation de base de qualité demandent un revenu conséquent. Mal assurer toutes ces tâches, pour des raisons de précarité socioéconomique, c'est rendre vulnérables les membres du ménage sur le plan de l'éducation, de la culture et de l'éthique.

A Kinshasa, 68,59 % de ménages déboursent plus de 100$ américains par trimestre pour les études de leurs enfants ; 29,41 % consacrent 50 à 99$ américains et seulement 2 % de ménages payent moins de 50 $ américains (Munkuamo, 2025).

Ces résultats poussent à affirmer que 31,41 % de ménages sont vulnérables économiquement et ne peuvent pas faire accéder leurs enfants dans les écoles privées ou conventionnées de qualité de la place : Les ménages vulnérables en matière d'éducation des enfants sont ceux qui sont dépourvus de sécurité socioprofessionnelle, les ménages des parents fonctionnaires de l'Etat, d'enseignants, d'orphelins... A cause de vulnérabilités économiques de ces ménages, les enfants sont régulièrement chassés de l'école, à telle enseigne que leur éducation en souffre ; d'autres abandonnent, désertent précocement l'école pour se débrouiller autrement dans la vie. Certains « enfants de la rue » de Kinshasa sont ceux dont les parents sont vulnérables économiquement pour la prise en charge totale de la scolarisation de leurs enfants.

6.3. CAUSES DE VULNÉRABILITÉS ÉCONOMIQUES À KINSHASA

La modicité des revenus est la source principale de la pauvreté à Kinshasa et de bas niveau de vie de la population. Plusieurs ménages vivent avec moins de 1,25$/jour. Ce faible revenu est dû à plusieurs causes : endogènes et exogènes.

6.3.1. Facteurs endogènes

6.3.1.1. La faillite économique de l'Etat :

L'Etat congolais est une superstructure en faillite économique depuis 1980. Dès lors, il est en récession économique avec une régression du PIB. Pour Ngoya (2014), divers facteurs expliquent cette régression et récession économiques, notamment : baisse des activités économiques dans tous les secteurs (industries manufacturières, bâtiments et travaux publics, productions minières, agriculture, pêche, élevage, hydrocarbures, bois, etc.), recul des activités de services, libéralisation anarchique de prix, insuffisance de recettes liées à la détérioration des cours des matières premières, pénurie des devises, baisse du pouvoir d'achat, baisse de l'aide extérieure, instabilité monétaire et insécurité dans le domaine des investissements, non-paiement des frais de fonctionnement et des salaires des fonctionnaires de l'Etat, baisse de production industrielle, etc.

Tous ces facteurs de la faillite économique de l'Etat ne font qu'accroitre inexorablement le rythme de dégradation des activités économiques et affectent inconditionnellement l'environnement socio-économique urbain d'une anémie financière. Plusieurs secteurs urbains sont victimes de cette anémie financière et de déséquilibres ou vulnérabilités économiques qu'elle occasionne, à savoir : les ménages (éléments sociaux de base pour le fonctionnement économique), les investissements économiques publics ou privés (l'investissement accroît la production pour la satisfaction des ménages), les dépenses publiques (en tant qu'un facteur de stimulation de croissance économique) ,le solde extérieur (exportations-importations) réputé être un paramètre d'accroissement des richesses nationales.

6.3.1.2. Faiblesse de sources d'emploi :

La taille de la population active sans emploi pèse gravement sur les ménages de Kinshasa. C'est la quasi-totalité de ménages qui compte au moins un chômeur. Cette faiblesse de sources d'emploi contribue à la dégradation des conditions de vie économiques, à l'aggravation de la crise financière et à la mauvaise santé économique de la plupart de ménages kinois. Plusieurs causes expliquent cette situation : zaïrianisation ; pillages et destruction des unités de production ; bas niveau de vie, faible pouvoir d'achat et déclin de la demande intérieure ; insécurité de l'environnement économique et attentisme des investisseurs ; difficultés d'approvisionnement… Ainsi, cette faiblesse de sources d'emploi entraine la mobilisation des Kinois dans les emplois ou activités économiques dévalorisants ou dévalorisés : transporteurs, chargeurs, commissionnaires, receveurs de taxi-bus, « shailleurs », etc.

6.3.1.3. Insignifiance de revenus de ménages :

La modicité des revenus est la source principale de la pauvreté à Kinshasa et de bas niveau de vie de la population. Plusieurs ménages vivent avec moins de 1,25$/jour. Ce faible revenu est dû à l'absence d'une justice distributive, à une politique salariale toxique, à l'absentéisme de l'éthique et de l'autorité de l'Etat dans le secteur économique, à la faible productivité. L'on peut dire d'une part que, l'Etat est en faillite économique. Il ne peut donc pas produire et vendre des biens et services de qualité auprès des populations. En contrepartie, les fonctionnaires et agents de l'Etat sont très mal rémunérés et incapables de se prendre adéquatement en charge dans leurs ménages. Cela qui fragilise les familles en les plongeant dans une insécurité sociale chronique.

6.3.1.4. Réduction des opportunités économiques

A Kinshasa, il y a un faible investissement dans les secteurs de production. Les Kinois, sans appuis économiques (système de crédits sociaux), sont paupérisés et sont devenus incapables de développer des initiatives économiques privées ou collectives viables. Pire, les institutions de crédits, officielles ou privées existantes et opérationnelles (micro-crédit, « banque Lambert ») se sont avérées économiquement toxiques et appauvrissantes pour les Kinois (les intérêts à rembourser sont exorbitants. Et tout cela sans regard de l'autorité.

6.3.1.5. Utilisation du potentiel humain

Le capital humain urbain est mal utilisé : chômage, sous-emploi, chômage déguisé, etc. Cela contribue à l'usure physique et morale ainsi qu'à la destruction économique du potentiel humain

6.3.2. Facteurs exogènes

Comme les facteurs endogènes, ceux qui sont exogènes sont aussi complexes, interalliés et interactifs. A ce sujet, nous avons retenu différentes réalités :

6.3.2.1. Mauvaise gouvernance, conflits armés et dérives éthiques

L'instabilité de gouvernements, l' absentéisme de l'autorité de l'Etat dans le secteur économique, la baisse de recettes dues aux taxes et impôts, le contexte de conflits armés, la corruption, l'égoïsme causent des préjudices à la production et le secteur de l'emploi, en termes de : accélération de délabrement des infrastructures, non renouvellement et obsolescence des équipements ou outils de production, faiblesse des investisseurs, difficulté d'approvisionnement, faible accumulation des biens , etc.

6.3.2.2. Effets de la mondialisation de l'économie capitaliste

La globalisation ou la mondialisation de l'économie nationale urbaine va avec plusieurs situations économiques dramatiques et risques de vulnérabilités économiques : exclusion des autochtones du processus économique, contrôle et appropriation des ressources par les firmes étrangères même par les natifs, la subordination de l'économie nationale, le diktat des pays développés, l'impuissance de l'Etat à gouverner, la prédominance de la cueillette-extraction sur l'industrialisation-production (Musibono, 2006).

6.4. RÉSILIENCE RELATIVE AU FAIBLE REVENU DE MÉNAGES

La crise économique bat de plein fouet les Kinois. Un grand nombre de ménages sont victimes de cette situation. Cependant, pour tenter d'améliorer la santé financière de ménages, la majorité d'entre eux a développé spontanément ou par des contraintes sociales une multitude « d'activités économiques ». De toutes les activités de résiliences pouvant existter, trois principales activités économiques sont en vogue à Kinshasa : boutique « ligablo », terrasse de boisson alcoolique, pharmacie, cabine téléphonique, cyber café…. Ces activités faisant les émules de Kinois pullulent le long de toutes les rues de la ville, au point d'asphyxier d'autres activités informelles de résilience économique.

Hormis l'agriculture et l'élevage, les autres activités de résiliences économiques exercées au sein de ménages sont : couture, dépôts de ciments, dépôt de boissons, « malewa », ajustage, « wewa », taxi, ristourne, banque Lambert, boucherie ou charcuterie, « quado », cordonnerie, tôlerie, pressing, maison de communication et vente de cartes, alimentation et vente de vivres frais, maçonnerie, charge de piles téléphoniques, garage auto, vente de l'eau en sachets, vente de la friperie, commerce de produits agricoles, commerce de « makala », commerce de bois de chauffe, commerce de pétrole, commerce de beignets, porteur, chargeur de taxi, studio photo, forage, moulin de manioc, etc. Les investissements pour assurer ces activités varient d'un ménage à un autre, d'une personne à l'autre, de la demande…

Pour la capacité de recettes générées par les activités de résilience économique à satisfaire les multiples besoins de ménages ou des acteurs, plus de 60 % de ménages reconnaissent que les recettes générées par leurs activités arrivent à satisfaire leurs besoins à plus de 50 % (Munkuomo, 2025)

Les besoins ordinaires qui apparaissent et qui sont couverts partiellement par les activités de résiliences économiques auprès de ménages pour le fonctionnement biologique de membres et l'existence sociale de ménages sont notamment ceux-ci : nourriture, transport, habillement, fourniture de sources d'énergie, etc. En revanche, dans la plupart de ménages, les soins de santé et l'éducation apparaissent comme des besoins extraordinaires. Les dépenses qui concourent à leur couverture proviendraient de sources de financement diverses : dons et aides, endettements, mutuelles, etc.

S'agissant de nombre d'années passées dans l'exercice d'activités de résiliences, la moitié de sujets (50,10 %) a déjà accompli entre 1 et 10 ans dans leurs activités de résilience économique. Cette tranche d'âge renferme la catégorie de jeunes acteurs de résilience économique. Ils sont très présents et mobiles pour appuyer assez efficacement les activités dont dépendent leurs propres vies et la survie de leurs ménages. A côté d'eux, il y a des acteurs séniors de résilience économique (42,94 %). Ils ont plus de 10 ans dans l'exercice d'activités génératrices de revenus. Un nombre significatif de petits commerçants relève de cette catégorie d'opérateurs recourant à de résilience économique. Enfin, les acteurs juniors sont moins nombreux (6,94 %). Ils sont très jeunes en âge et en expérience. Très intrépides, les acteurs juniors pratiquant de résiliences économiques tentent de braver certains aléas et embûches qui se dressent face à eux (clôture tardive des activités, vente à la criée, parcours de longues distances à pied…). On les retrouve engagés dans plusieurs activités sans commune mesure : « wewa », vente d'arachides, cireurs, transporteurs, chargeurs de taxi, maisons de communication, vernissage,

Chapitre 7
Habitat précaire

L'habitat précaire est l'un d'indices majeurs de la précarité et de la vulnérabilité sociale dans l'environnement urbain.

Par habitat, le Géographe et Aménagiste français Derruau (1972) entend un « agencement des espaces habités, occupés par des maisons et leurs dépendances les unes les autres ». Pour cet auteur, les constructions, les habitations ou les parcelles sont des principaux éléments qui structurent la ville, dans sa beauté. C'est la raison pour laquelle, la qualité de la vie urbaine est aussi fonction de la qualité de l'habitat. C'est pourquoi depuis Rio (1992), l'habitat a été intégré comme l'un des indicateurs importants d'appréciation de la qualité de l'environnement urbain

Tout en déterminant le milieu environnemental, l'habitat détermine aussi les conditions de vie socio-économique de la population urbaine. C'est en ce sens que la prolifération de l'habitat précaire entretient l'émergence de la précarité sociale et de dérives éthiques dans les milieux urbains en forte expansion.

Le logement en tant que lieu d'habitation ou cadre de vie est un enjeu social. En effet, dans une société, l'on doit veiller à l'habitat, pour sécuriser la santé individuelle et collective de la population. Par « sécurité sanitaire individuelle ou collective », l'on prend en compte une philosophie ou une politique de l'habitat qui a pour résultat l'atteinte d'un état complet de bien-être physique, économique, mental et psychologique d'un individu ou d'un groupe, dans son environnement social. A travers cet objectif, aux indicateurs précis, il apparaît que le logement ou l'habitat, dans une collectivité sociale, doit répondre à une double exigence : quantitative et qualitative.

Dans une politique d'habitat, le critère quantitatif est indispensable, parce qu'il fait prévaloir un nombre suffisamment grand de logements pour contenir toute la population admise sur un site d'habitation. Logiquement, ce critère opère mieux avec la condition géographique qui caractérise les relations et potentialités spatiales d'une part, tout en définissant consécutivement la forme d'organisation spatiale adoptée d'autre part. Cette approche quantitative est à la base de l'extension de l'espace urbain, par la succession d'agglomérations, en vue de répondre à la demande sociale d'habitation. La succession d'agglomérations urbaines peut être linéaire ou circulaire, suivant le modèle proposé par le plan de l'urbanisme.

Le critère qualitatif, quant à lui, table sur un ensemble de conditions biophysiques et écologiques de logement des citoyens. Il est constitué de tous les facteurs d'habitabilité susceptibles d'optimiser la qualité de la vie. Pour ne pas définir les éléments constitutifs de ce critère dont la complexité est indiscutable et dépend de plusieurs facteurs (géographique, économique, écologique et culturel, etc.), il est utile de requalifier tous éléments définis par Habitat II, dans le cadre d'habitat de qualité (voir normes urbanistiques développées postérieurement).

Tout en cherchant à se conformer aux prescriptions d'Habitat II, il est important de signaler que la crise de logement ou d'habitat provient du manque de satisfaction tantôt du critère quantitatif, tantôt de l'un ou l'autre élément constitutif de la gamme de critères qualitatifs, tantôt de deux critères réunis. Ainsi, dans cette sphère de critères ou paramètres convergents, l'identification de la nature de la crise qui caractérise l'habitat est un atout majeur dans la tentative de résolution de ce problème. Cette identification en soi ne suffit pas ; elle doit être accompagnée de la volonté politique pour l'effectivité d'un habitat suffisant pour la population et de qualité.

Ce qui précède porte à croire que le quantitatif, le qualitatif et la volonté politique sont autant de paramètres qui militent, mobilisent et galvanisent tous les acteurs sociaux pour l'érection d'un habitat digne, où l'habitabilité fait bon ménage avec l'humain. Cet aspect de choses montre la face éthique de l'habitat qu'il convient d'approfondir suffisamment, en situation de précarité urbaine, surtout dans le pays en développement.

7.1. L'HABITAT À KINSHASA

A Kinshasa, il y a carence de l'habitat. Cette carence est visible à travers la mauvaise qualité de logement. La ville de Kinshasa est dominée par de l'auto construction. En effet, à Kinshasa, les titres fonciers sont octroyés aux citoyens avec beaucoup de complaisance due essentiellement au clientélisme, tribalisme, égoïsme, népotisme etc. Dans cette ville, même certaines zones non constructibles (sites non aedificandi) font l'objet d'occupation illicite. Dans la commune de Limete (Quartier industriel) par exemple, les nouvelles habitations y sont érigées, au mépris de grands risques des externalités des usines chimiques avoisinantes.

Binzangi (2014) atteste que 56,00 % de résidents à Kinshasa sont des locataires contre 44,00 % de sujets propriétaires. La différence est significative (12 %) et se justifie par les mauvaises conditions socio-économiques de la population et le développement démographique de la ville de Kinshasa. Les habitats de locataires sont souvent inadaptés au contexte de la taille du ménage et influencent le comportement face à l'entretien. Par contre, quelques propriétaires vendent leurs parcelles en entièreté ou en moitié, afin de faire face aux multiples problèmes de la vie. C'est ainsi que des nouveaux acheteurs sont responsables de certaines transformations urbaines opérées sans l'assistance d'un technicien. Cet état de choses dégrade davantage le cadre de vie et accentue les vulnérabilités.

7.2. PROBLÈME LIÉS À L'HABITAT

La plupart de citoyens sont incapables de se procurer un logement personnel. A cela, il faut ajouter l'absence de politique nationale d'habitat, qui a favorisé la concentration de la population dans les parties du centre de la ville : Kalamu, Limete, Ngaba, Banalungwa, etc. Les autres communes de la périphérie sont celles qui ont de problèmes de logement ; elles connaissent de plus en plus des afflux : Kisenso, Masina, Selembao, Nsele... Parmi les communes qui semblent avoir peu de problèmes de logement : Gombe et Ngaliema.

Les problèmes liés au logement te sont : entassement humain, coût élevé de loyer, encombrement de bâti, nombre de chambres insuffisant, chambres érigées en dimensions réduites, constructions anarchiques et non-respect de contrat de bail. D'autres problèmes mineurs de logement : bailleurs assoiffés d'argent, éclairage insuffisant, mauvaise aération, très faible disponibilité du logement et autres. Tous ces problèmes constituent des contraintes de logement et des situations de vulnérabilités sociales liées à l'habitat à Kinshasa.

Il est important de rappeler qu'être mal logé en ville, c'est l'une des caractéristiques essentielles de vulnérabilités environnementales sociales. De même, un logement qui s'effectue en dehors de normes de l'ékistique constitue un facteur de vulnérabilités environnementales. C'est pour cela que les sommets mondiaux d'Habitat I (Vancouver), Habitat II (Istanbul) et Habitat III (Quatar, 2016) ont tenu à mettre un accent particulier sur les conditionnalités de meilleures habitabilités des citadins et stimuler les Etats à promouvoir un meilleur habitat pour tous.

A Kinshasa, l'une de forme de vulnérabilités sociales de la population est symbolisée par la précarisation de conditions de logement et de l'habitat. L'habitat de Kinshasa est source de vulnérabilités environnementales, à cause de sa spontanéité et de sa dégradation avancée et des conditions médiocres de logement qu'il offre à la population, en défiant plusieurs normes de Habitat II, entre autres : manque de la stabilité des éléments constitutifs de l'architecture de l'ouvrage, logement sans confort, non salubre et non spacieux. Avec une aération et une luminosité insuffisante, certains logements n'assument pas l'intimité familiale. Plus de 4 personnes sont logées dans une chambre à coucher.

Il convient de dire que plusieurs ménages de Kinshasa sont mal logés, à cause de la densité ou du nombre exagéré d'occupants. L'absence de l'espace récréatif ne permet pas aux sujets de se détendre. D'où, l'on passe tout le temps devant la télévision.

Plusieurs logements des ménages ne sont pas raccordés aux infrastructures d'évacuation des eaux usées et ne sont pas accessibles facilement

7.3. URBANISATION CHAOTIQUE

Les conditions d'habitat se dégradent et vulnérabilisent les populations, parce qu'il n'y a pas une bonne appréciation entre zones habitées/habitables et zones cultivées/cultivables, constructibles et non constructibles. A Kinshasa, les conditions de vie sont de plus en plus celles de hautes densités ou concentrations humaines. La pauvreté, le manque d'hygiène publique, l'anthropisation et la colonisation de l'environnement naturel, les modifications de paramètres climatiques (température, pluviosité, humidité atmosphérique de l'air) sont des facteurs qui aggravent l'urbanisation chaotique, avec des conditions infrahumaines.

Sous un autre registre, les vulnérabilités de l'habitat sont aggravées par la modicité de moyens financiers de populations urbaines, incapables de donner des réponses appropriées pour entretenir l'habitat urbain. Plus d'un tiers de logements de Kinshasa ont plus de 50 ans d'existence. L'habitat colonial qui domine dans plusieurs quartiers de communes de Kinshasa (Gombe, Kalamu, Kitambo, Lemba, Matete, etc.) est figé dans son architecture. Ce type d'habitat est complètement amorti, suranné et va vers sa ruine. Les matériaux inadaptés et prohibés jalonnent encore les ouvrages architecturaux de l'habitat colonial. C'est le cas des amiantes qui sont encore en place dans ce type d'habitat.

D'où, l'habitat colonial de Kinshasa est source de vulnérabilité environnementale, à cause notamment de sa dégradation avancée et des conditions médiocres de logement qu'il offre à la population, défiant plusieurs normes de Habitat II.

Dans un grand nombre de parcelles les latrines sont dans un état déplorable. Or, les conditions de vie sociale et l'environnement biophysique de certains milieux sont déterminants dans la construction et l'entretien de qualité de la latrine d'habitants d'un site. En effet, le faible niveau de la nappe phréatique de l'eau souterraine dans quelques quartiers ne permet pas à ces quartiers d'ériger une latrine de longue viabilité.

7.4. RUPTURE DE LA POLITIQUE D'AMÉNAGEMENT DE L'HABITAT URBAIN

Hormis quelques quartiers de quelques communes (Bandal, Barumbu, Gombe, Kalamu, Kitambo, Limete, Ngaliema), les autres quartiers de Kinshasa souffrent de manque d'urbanité (Mpuru et Mbuluku, 2014 ; Kabamba, 2014) et ont comme dominateur commun l'auto-construction (Lelo Nzuzi, 2008 ; Pain, 1986). Trois principales causes sont à la base de cela, à savoir : l'incompétence et la négligence de l'Etat (Binzangi, 2014), l'absence d'une véritable politique d'urbanisme et d'urbanisation après l'indépendance ou rupture du processus d'urbanisation (Saint Moulin, 2014), la poussée démographique due entre autres à l'absence d'une véritable politique d'aménagement de l'espace (Saint Moulin, 2014), la non maîtrise de l'exode rural (Munkwamo, 2014), etc.

La cessation de la planification et de la politique de l'habitat après l'indépendance a stimulé la croissance de quartiers d'auto-construction sous-équipés dans plusieurs communes, surtout Bumbu, Kalamu (Kimbangu), Limete (Mombele, Kingabwa et Debonhomme), Kimbanseke, Kisenso, Makala, Masina, Mont-Ngafula, Ngaba, Nsele, Selembao etc. La rupture entre la planification et la politique de l'habitat a engendré l'absence de la production d'habitat urbain et une urbanisation sur un mode d'iniquité sociale de services : d'électricité, d'eau, voirie.

L'urbanisation spontanée à envahi Kinshasa. Ce phénomène a pris corps déjà avant l'indépendance, du fait de « caractère ségrégatif de l'urbanisme colonial » (Kabamba, 2014). Dans le tissu urbain, elle se matérialise par plusieurs mécanismes dont l'auto-construction. De nos jours, le phénomène d'auto-construction s'amplifie à cause de l'existence d'un marché locatif dynamique de l'habitat et une forte demande de logement. Par sa forte dynamique, l'auto-construction a apporté la satisfaction au besoin de logement à plus de la moitié de la population kinoise. Beaucoup de ménages sont des locataires et logent dans des quartiers denses (surdensification) : Yolo, Matonge, Kintambo Babyllon, Lemba, etc. Cette situation trop présente au niveau de cités planifiées des années 1950 (Kabamba, 2014) fait éclore plusieurs autres problèmes urbains dans les aires périphériques du Sud, de l'Est et de l'Ouest de la ville de Kinshasa, en l'occurrence : les désordres fonciers, les occupations de zones non aedificandi, les phagocytages d'espaces urbains (morcellement de parcelles), le développement de ghettos, étalement de l'espace urbain…

Tous ces méfaits surviennent à cause de l'abandon de mesures d'accès en milieux urbains : négligence du droit à la ville, droit de l'urbanité.

7.5. RÉSILIENCE À LA VULNÉRABILITÉ D'HABITAT SOCIAL

A Kinshasa, la production de l'habitat viable par l'Etat n'existe plus. L'habitat est ainsi en crise multiforme dans son existence. Cette crise de l'habitat remonte à l'époque coloniale. Elle s'est amplifiée après l'indépendance, et surtout, ces trois dernières décennies. Pour ne pas s'astreindre aux aléas de la persistance de la crise multiforme de l'habitat, les Kinois se sont adonnés à la production de l'habitat, par divers mécanismes : développement des zones d'habitats spontanés, périphérisation urbaine et périurbanisation…

Le concept de « périphérisation urbaine » signifie le fait que les citadins abandonnent ou quittent le centre-ville (urbanisée) pour aller vivre à la périphérie, à cause des conditions de vie devenues difficiles pour eux. Et cela, tout en ayant leurs activités de survie au centre-ville (Gombe, Limete, Ma Campagne). Ensuite, le concept de « périurbanisation » signifie « l'extension de l'habitat dans des zones périurbaines ».

Ces deux phénomènes, mécanismes de résiliences face au déficit de la production de l'habitat par l'Etat s'opèrent allègrement, à cause du manque d'aménagement urbain, du surpeuplement des zones urbaines, mais aussi, parce que le statut foncier de l'habitat cloisonné entre le droit coutumier et la légalité juridique est favorable aux vulnérabilités de l'habitat social à Kinshasa. Tous ces faits sociaux accroissent la prolifération de l'habitat et des quartiers spontanés dans les zones d'extension Est (Mpasa I, Mpasa II, Mpasa III, Mpasa IV, Makanza, Kinkole, cité Maba, etc.) et Sud (Lemba Sud, Kisenso, Mont-Ngafula) de la ville Kinshasa.

Dans la ville ancienne densifiée, la résilience à l'absence de l'habitat se réalise grâce aux phénomènes urbains d'occupation de parcelles morcelées (une demi-parcelle, un tiers ou un quart de la parcelle) et d'occupations légales ou illégales de zones non aedificandi ou marginales. Les morcellements de parcelles et la vente de l'espace foncier sont devenus des pratiques courantes dans la ville ancienne, pour diverses raisons : pauvreté, conflits familiaux et partage de l'héritage foncier, spéculations foncières, etc. Aussi, les anciennes unités industrielles de

Limete, Gombe, Masina sont la proie du phénomène précité. En somme, toutes les solutions alternatives de l'habitat à Kinshasa contribuent plutôt au renforcement de la crise de l'aménagement urbain et de l'urbanisation par : expansion de bidonvilisation de Kinshasa, de la multiplication de zones de squatting, sur-densification de l'espace, promiscuité de l'habitat…

7.6. RÉSILIENCE À LA VULNÉRABILITÉ DE LOGEMENT

La crise et les vulnérabilités liées au logement apparaissent dans plusieurs manifestations de vie sociale: dépossession d'une maison décemment construite par un ménage, mal dimensionnement des structures d'habitation, mauvaises conditions de vie des occupants…Toutes ces manifestations de crise de logement de la plupart de Kinois, avec leurs vulnérabilités sociales, induisent plusieurs réponses en termes de résilience, en l'occurrence : location de maisons ou d'appartements pour l'habitation de ménages ; A Kinshasa, un grand nombre de ménages sont locataires, sous-logement dans les parcelles familiales ou d'ami (annexes, studios, salons), occupations de maisons de fortune (maisons inachevées, containers, véhicules en stationnement, épaves de véhicules, etc.)…

Les solutions de résiliences sociales à la crise de logement sont ponctuelles, circonstancielles, conjoncturelles, etc. Elles apportent de solutions superficielles à la crise, sans affecter les causes profondes (absence de politique de logement, mauvaise gouvernance, tenue du secteur immobilier entre les mains de particuliers nationaux ou étrangers) qui freinent le développement de logements sociaux pour l'habitation décente des citadins.

Certains opérateurs économiques ou actionnaires privés tentent d'apporter des solutions pour résilier à la crise de logement dans la ville de Kinshasa. Les opérateurs économiques étrangers sont plus présents dans la construction de complexes commerciaux du genre Super Marché. D'autres investissent dans les immeubles de location pour le logement décent de Kinois (site de la pépinière de Bandalungwa, enceinte de la FIKIN, Gombe en face de l'ISC, etc.). Les nationaux s'adonnent à la construction d'hôtels dans tous les quartiers, des annexes de location dans des parcelles privées, etc.

Malheureusement, la vulnérabilité économique de la population (salaire toxique, revenu du commerce formel et informel très peu prospère) plonge les Kinois dans la misère et l'incapacité de se loger dans les nouveaux sites modernisés. Il n'y a que des Politiciens, des dignitaires de l'Etat, Directeurs des entreprises étatiques, des Expatriés qui sont en mesure de se procurer ce type de logement.

C'est dire qu'actuellement, l'Etat doit prendre le secteur de l'immobilier entre ses mains et y investir suffisamment pour deux raisons fondamentales : loger décemment les Kinois et accroître le budget national. Le secteur est pourvoyeur de revenu. Les nations développées ou en développement font du secteur immobilier leur cheval de bataille afin d'accroître le revenu national de leurs Etats.

Chapitre 8
Eau et Energie électrique

Dans l'environnement urbain, l'eau et l'énergie sont toujours liées du fait que l'eau joue un rôle crucial dans la production d'énergie ; tout comme l'énergie est nécessaire à la production de l'eau...

8.1. EAU

L'eau est le support de la vie (Binzangi, 2017). Elle occupe une place particulièrement importante dans la vie. On la retrouve dans toutes les activités qui rythme notre quotidien : cuisine, toilette, lavages diverses, évacuation des déchets. Elle contribue à plus de propreté et de salubrité. Une eau propre réduit les risques sanitaires et améliore la santé globale.

C'est pourquoi, le 6ème objectif du développement durable ('ODD, 2015-2030) vise un accès universel et équitable à l'eau potable à toutes les personnes en particulier, aux personnes vulnérables d'ici 2030.

Ainsi, Dans la création d'une ville, une attention particulière doit être accordée à l'eau et à l'hydrographie. La ville dépend aussi de conditions hydrographiques. Il faut un réseau hydrographique dense pour alimenter la ville. Le cours d'ordre 1 pour desservir un quartier, un cours d'ordre 2 pour une commune et d'ordre 3 pour plusieurs quartiers et communes.

Le réseau hydrographique joue plusieurs rôles pour la vie urbaine. Il intervient dans les innombrables réactions chimiques et biochimiques : régulation du climat, boisson, service, alimentation, transport, baignage, épuration des déchets, agriculture urbaine, etc. Il faut un équilibre total entre les eaux entrant et sortant de toutes les surfaces des territoires urbains. La nature du réseau hydrographique permet de classifier les villes de la manière suivante : villes riches en canaux, villes avec fleuves, villes sèches.

Etant donné que « gérer c'est prévoir », le besoin en eau dans les milieux urbains doit être soutenu par l'adduction d'eaux souterraines. Pour ce faire, il faut évaluer la qualité (physique, chimique et biologique), en vue de la sécurité urbaine

8.1.1. Hydrologie

Les eaux souterraines qui font partie de l'hydrogéologie de la ville de Kinshasa sont abondantes. Elles couvrent toute l'étendue de la ville de Kinshasa, à des niveaux d'exploitation différents, suivant que l'on est sur une plaine basse ou haute, la colline et le plateau. Selon nos observations, à Kinshasa, les puits desquels on exploite les eaux de la nappe libre sont à 1 mètre dans les zones humides ou plaines inondées, environ 3 mètres dans les vallées des rivières.

Pour les nappes captives à travers les forages, les données hydrogéologiques du service d'hydraulique rural du Ministère de Développement Rural montrent que les forages réalisés en faible profondeur sont à environ 30 m et ceux à grande profondeur, au plateau de Bateke, sont de l'ordre de 280 m.

Plusieurs facteurs concourent à la richesse hydrogéologique de la ville de Kinshasa : la dénivellation de certains sites par rapport au niveau du plan d'eau du fleuve Congo, sa lithologie majoritairement formée de grès d'Inkisi, la porosité et la perméabilité des structures géologiques en place… Tous ces facteurs répertoriés et d'autres encore sont des atouts qui font de Kinshasa une région très riche en ressources hydriques issues des aquifères souterraines.

De nos jours, les agglomérations des communes de Nsele, Maluku, Masina (quartier Ferbois), Lemba (quartier Mbanzalemba) sont alimentées en eau potable par des puits ou forages aménagés soit par l'Etat, soit par les privés, soit par des Missionnaires, soit encore par les organismes non gouvernementaaux, etc.). L'entretien de la plupart de ces puits est mal assuré, par manque de services appropriés et expose au risque de maladies hydriques.

Le fonctionnement de trois types d'hydrotope décrits ci-dessus dans leurs systèmes respectifs, est complexe et forme un continuum en vertu du cycle de l'eau dans la nature. Malheureusement, le fonctionnement de ce continuum de l'hydrotope est désarticulé par le changement climatique, un phénomène perceptible à Kinshasa, à travers les perturbations thermiques, dans le sens de la hausse, les variabilités pluviométriques et des humidités relatives non constantes dans l'espace. Ce phénomène de changement climatique accroit la vulnérabilité environnementale par des manifestations de risques naturels divers à Kinshasa : inondations, érosions hydriques sévères, chaleurs accablantes nocturnes et diurnes, prévalence de certaines maladies vectorielles, etc.

8.1.1.1. Hydro système lentique

L'hydrosystème lentique de Kinshasa comprend l'ensemble des eaux et cours d'eau qui constitue le réseau hydrographique de cette ville. A ce sujet, il y a lieu de dire que plusieurs cours d'eau, de diverses dimensions, traversent la ville de Kinshasa. Toutes ces rivières sont soit de sources locales, soit de sources allogènes. Il s'agit des rivières reprises sur la carte III.6.

En se basant sur l'origine des eaux du système lentique, le réseau hydrographique de Kinshasa comporte des rivières de deux types : rivières allochtones ou exoréiques et rivières autochtones ou endoréiques. Les rivières allochtones de la région hydrographique de Kinshasa sont Ndjili, Nsele et Bombo-Lumene. Ces trois rivières coulent en suivant le sens Sud-Nord.

Hormis ces trois rivières, les autres rivières (Kalamu, Gombe, Makele, Funa et Bitsakutshaku) sont locales ou autochtones ou encore endoréiques. A Kinshasa, toutes les rivières locales se dénomment confusément Kalamu. Cette appellation est issue du dialecte Teke-Humbu et signifie un cours d'eau de petite taille (ruisseau) (Ndembo, 2009). Le vaste réseau hydrographique de Kinshasa appartient au bassin du fleuve Congo. Cependant, à cause des activités anthropiques intenses dans les périmètres constitutifs du réseau, ce dernier est actuellement confronté à plusieurs problèmes écologiques : sédimentologie, étiolement des lits majeurs, diminution de débits, pollution…

Plusieurs causes expliquent la manifestation de ces phénomènes dans les bassins versants respectifs de différents cours d'eau existants à Kinshasa, à savoir : maraîchage urbain et périurbain, élevage domestique à proximité de rivières, aménagement d'ouvrages hydrauliques de captage d'eau, érosions des sols dans les bassins versant, déversement incontrôlé de déchets d'origine diverse dans les lits de cours d'eau, mauvais aménagement des espaces, absence de curages réguliers, etc.

Pour l'aménagement de cours d'eau dans la ville de Kinshasa, il y a lieu de dire que très peu d'efforts sont fournis pour des entretiens de grande envergure, de maintien fonctionnel de cours d'eau et de leur assainissement adéquat. D'où, presque toutes les rivières de Kinshasa sont rarement aménagées ou curées. Des engraissements de lits de cours d'eau sont notés dans toutes les rivières et causent des débordements et inondations de sites urbains, en provoquant des dégâts matériels importants lors de grandes pluies ou averses.

Toutes les modifications environnementales de l'hydrosystème lentique entravent ou enrayent la morphologie, le fonctionnement et la dynamique de l'hydrotope. Cette anthropisation de l'hydrotope porte gravement atteinte aux ressources hydriques et vulnérabilise l'homme, utilisateur et consommateur permanent de ces ressources indispensables pour sa vie. Kinshasa n'a plus de cours d'eau potable pour la consommation de la population. Toute consommation des eaux de surface non traitées de cette ville est un facteur de risque aux maladies d'origine hydrique. C'est à ces crises sanitaires que s'exposent les populations des quartiers périphériques de la ville, dépourvues d'infrastructures, équipements et services sociaux adéquats d'alimentation en eau potable.

8.1.1.2. Hydro système lautique

L'hydrosystème lautique est aussi représentatif de l'hydrotope de la ville de Kinshasa, du fait que l'on y rencontre des plaines inondées disséminées le long du fleuve Congo, des mares et marécages dans les zones habitées ou non, des étangs d'aquaculture et des lacs. A part les lacs, les autres hydrosystèmes lautiques ne sont pas pérennes. Leur existence dans les milieux dépend des saisons.

En ce qui concerne les lacs, Kinshasa est mal garnie. Elle compte seulement deux lacs : Ma Vallée et Lac Vert. Le premier lac, se trouvant dans la vallée de la Lukunga, dans la commune de Mont Ngafula, est un lac artificiel de retenu d'eau, créé à la confluence de cours d'eau du milieu. Le deuxième lac est un hydrosystème lentique naturel existant dans la commune de la Nsele. Son origine est mal connue.

Les deux lacs précités se maintiennent par des apports extérieurs de la pluviométrie de la région. Grâce à ces derniers, l'on obtient un bilan hydrique équilibré de ces hydrosystèmes, lequel bilan assure la sécurité environnementale de ces lacs. En effet, il faut un débit volumétrique constant des eaux résiduelles pour tout lac existant à l'état naturel ou artificiel. Un déséquilibre entre l'entrée (pluviométrie, cours d'eau avoisinants) et la sortie (évaporation, écoulement par les émissaires, utilisation abusive des eaux) provoque un dysfonctionnement de l'hydrosystème ou sa disparition.

Cependant, les variabilités pluviométriques de la région de Kinshasa, la dégradation de l'environnement, le changement climatique et les problèmes sédimentologiques dus aux activités anthropiques désordonnées dans les bassins versants constitutifs de ces lacs sont en défaveur de ces hydrosystèmes et/ou écosystèmes et de services environnementaux qu'ils rendent éventuellement aux populations urbaines bénéficiaires : microclimat, recyclage de l'air, écotourisme…

8.1.2. Problèmes liés à l'eau à Kinshasa

L'homme a besoin d'au moins 5 litres d'eau par jour, pour assurer le fonctionnement biologique du corps humain (OMS,2022). Cette quantité d'eau alimentaire vitale pour l'organisme est additionnelle avec d'autres quantités d'eau indispensables pour les autres besoins et usages sociaux de l'eau : usage domestique (adduction d'eau potable pour l'alimentation, l'assainissement), usage industriel (production), usage agricole (irrigation, rejets de pollution), usage touristique (loisir, navigation de plaisance, baignade, tourisme balnéaire, randonnées fluviales, camping), usage de transport (navigation), usage halieutique (pêche, pisciculture) et usage écosystémique (observation, milieu d'étude, biodiversité)

Kinshasa présente un tableau sombre en approvisionnement en ressources en eau, au point où l'eau est un frein au développement urbain durable. A Kinshasa, 64,31 % de ménages sont confrontés au problème de menace de pénurie d'eau potable (Munkuamo, 2025).

Si boire un verre d'eau, ouvrir un robinet et prendre un bain dans une douche sont des gestes du quotidien, ceci n'est pas le cas pour la majorité de Kinois. Plusieurs quartiers n'ont pas accès à l'eau potable. A la place de l'eau potable, ceux qui ont des moyens financiers se contentent des eaux en sachets plastiques appelés "eau pure'' par les Kinois.

Dans plusieurs quartiers, tels que Luka dans la commune de Kitambo, Mombele, dans la commune de Limete, Mpasa et Bibwa dans la commune de Nsele, etc., les habitants se contentent des eaux de pluies et de puits. Or, ces puits souvent non appropriés sont sources de plusieurs maladies. Ceux qui n'ont pas de puits utilisent celui du voisin. Ceux de Kingabwa se rendent au fleuve et à la rivière Ndjili. Cette eau, non traitée, n'est pas recommandée pour l'usage ménager. De nombreuses personnes, notamment des enfants sont exposés aux maladies liées à l'eau (amibes, choléra, paludisme, bilharziose, typhoïde, etc.).

Les vulnérabilités de la population kinoise dans l'approvisionnement en eau ou le faible approvisionnement en eau sont de deux ordres : pénurie en approvisionnement d'eau potable (vulnérabilité quantitative) et consommation ou utilisation d'eau douteuse par les ménages (vulnérabilité qualitative).

8.1.3. De la qualité de l'eau utilisés par les ménages

L'eau constitue un facteur écologique abiotique indispensable par la survie des communautés humaines et la bonne dynamique des écosystèmes naturels et anthropisés. Mais aussi, l'eau est la cause d'ennuis humains et de vulnérabilité sanitaire. En effet, dans des conditions de précarité ou d'ignorance, il arrive que les agglomérations utilisent des eaux aux qualités douteuses, sans qu'elles ne puissent s'en apercevoir. Dans une autre alternative, par manque de moyens pour se procurer des eaux potables de qualité, les populations se contentent de fois d'utiliser des eaux usées pluviales ou des puits par impuissance.

Un grand nombre de ménages (64,81 %) (Munkuamo, 2025) reconnaissent ne pas utiliser, pour leurs divers besoins, une eau domestique de bonne qualité. Avec cet avis majoritairement défavorable de ménages enquêtés sur la qualité de leur eau d'usage courant, il y a lieu de signaler à Kinshasa la manifestation de plusieurs maladies d'origine hydrique dues aux vulnérabilités environnementales des ressources hydriques.

Par contre, certains ménages (35,19 %) sont d'avis favorables, ils font certainement allusion aux eaux de la Régideso. A priori, ces eaux sont présumées potables ; mais en réalité, divers contextes de transit ou d'infiltration n'exemptent pas ces eaux de contamination biologique et de pollution, susceptibles d'induire la vulnérabilité sanitaire des populations utilisatrices.

8.1.4. Eau de forages

L'eau de forages se vende journalièrement. Les prix sont fixés par bidon. Les ménages sont voués à payer de l'eau chaque jour au bien. D'où, ceci nécessite un budget convenable pour la survie de ménage.

Ceci atteste que les résiliences de l'eau de forages comme des stratégies de survie sont encore précaires dans la ville de Kinshasa, parce que le défi de la sécurité sociale est permanent. Les enjeux principaux auxquels les Kinois font face est le risque de contamination et la dégradation de la qualité de l'eau de forages.

Aujourd'hui, le principe de précaution élémentaire consisterait à apporter une eau potable aux populations urbaines ; cela fait d'ailleurs partie des « objectifs du développement durable, N6 » affichés par l'ONU ;

Pour améliorer les conditions de vie des Kinois l'Etat doit veiller à la restauration de son autorité dans l'administration de la ville de Kinshasa afin de lui permettre de jouer son rôle de premier partenaire du développement durable. La crise en eau potable qui vulnérabilise la population kinoise provient de la mauvaise gouvernance, et de l'absence d'une politique de protection sociale. D'où, il faudrait restaurer un état de droit susceptible de mettre en place des institutions justes, pour une protection sociale réelle et efficace de la population ou des communautés locales urbaines.

8.2. ENERGIE ELECTRIQUE

L'énergie est un élément essentiel de la vie moderne, indispensable au fonctionnement de nombreuses technologies, infrastructures et activités quotidiennes. Elle est l'élément central du développement. Elle permet les investissements, les innovations et la création des industries qui stimulent l'emploi, la croissance pour tous et le bien-être économique.

8.2.1. De l'énergie électrique à Kinshasa

A côté de problèmes de vulnérabilités d'eau à Kinshasa, la ville est également confrontée aux problèmes d'énergie. Selon Ndembi (2017), à Kinshasa 86,32 % de ménages sont confrontés par la crise en énergie.

En effet, en dépit d'un fort potentiel hydroélectrique du barrage d'Inga, le réseau électrique est vieillissant, mal calibré et peu étendu. Les réseaux de la société nationale de l'électricité (SNEL) sont dans un état de délabrement vétuste, au point que la distribution de l'énergie en pâtit sérieusement, jusqu'à faire de Kinshasa une ville des ténèbres. A Kinshasa, plusieurs quartiers vivent plusieurs semaines dans l'obscurité.

8.2.1.1. Problèmes liés à la fourniture de courant électrique dans les quartiers

A Kinshasa, 'il existe plusieurs problèmes en matière de l'énergie électrique qui vulnérabilisent les habitants de la ville de Kinshasa : manque d'énergie, irrégularité du courant, coupure intempestive, délestage, faible intensité, facture exorbitante, vétusté de câbles, connexions anarchiques, etc. Tous ces problèmes d'énergie rencontrés par la population sont systématiques dans la ville de Kinshasa, avec des particularités pour chaque milieu.

Les installations anarchiques de vieux câbles, les coupures et les délestages intempestifs s'observent chaque jour. L'absence d'énergie disponible explique l'usage d'autres sources d'énergie.

Les énergies de biomasse, dénommées « le pétrole des pauvres », sont abondamment utilisées dans la ville de Kinshasa, à telle enseigne que l'usage abusif des énergies de la biomasse et d'origine fossile constituent des sources de pollution environnementale locale des ménages, avec divers risques qu'elles induisent : saccage écologique des forêts de la ville et de l'hinterland, incendies, incidence de maladies cardiovasculaires et pulmonaires, décoloration de murs, perte de résistance de matériaux, etc.

Marc Pain (1984) montre qu'environ 45 % de la population kinoise font la cuisine avec des combustibles d'origine pétrolière, la grosse majorité recourt à d'autres sources d'entre autres comme du bois de feu ou du charbon de bois, provenant de l'exploitation anti-écologique de forêts. Les lampes tempêtes et les panneaux solaires sont aussi utilisés par une portion de Kinois. D'autres personnes utilisent des bougies, avec toutes les conséquences (les incendies).

Des appareils électroménagers restent plusieurs mois hors usage. Les groupes électrogènes sont devenus à la mode. Plusieurs ménages ou entreprises possèdent des groupes électrogènes qui fonctionnent pendant environ trois heures par jour, pour l'éclairage ou pour faire fonctionner des machines (ordinateurs, photocopieuses, téléphones…), des ateliers, des terrasses, etc. La vie économique est paralysée. L'insuffisance de l'énergie ne permet pas aux industries de réaliser la grande de production voulue. A cause de cette défaillance de la société nationale d'électricité, dans plusieurs quartiers (Kimbuala, Luka, Malueka, Mombele, Ngaba, Kisenso, Kingasani, Sangamanba, etc.), la population refuse de payer les factures de la consommation, à cause du phénomène délestage ; plusieurs ménages sont branchés frauduleusement à l'électricité, ce qui est un manque à gagner pour l'entreprise qui ne cherche pas à rentrer dans ses droits.

La forte croissance démographique urbaine augmente considérablement les besoins en énergie-bois et toutes leurs conséquences sur l'environnement. A ce propos, il y a lieu de reconnaître que l'augmentation des besoins en énergie-bois contribue significativement au recul du couvert végétal à Kinshasa (Lelo Nzuzi, 2008).

L'utilisation de ces sources d'énergie alternatives par un grand nombre de ménages fait de certains quartiers de Kinshasa une ville à l'image d'un gros village, sans éclairage public nocturne, et bénéficiant périodiquement d'éclairages lunaires.

Tous ces problèmes ennuient et vulnérabilisent la population, à travers plusieurs faits et phénomènes : vols, viols, insécurité physique des personnes et de leurs biens, attentats et assassinats, manque de distraction, etc.

Au regard de cette situation, si l'on n'améliore pas la desserte en hydroélectricité, la crise énergétique risque d'avoir un impact environnemental grave sur la qualité de vie de la population Kinoise et des équilibres déjà instables des écosystèmes urbains.

Chapitre 9
Système éducatif

Un domaine que l'on ne peut pas laisser de côté et qui est la plaque tournante, le socle sur lequel tout est bâti, c'est celui de l'éducation. Le développement d'une nation passe entre autres par l'éducation. Plus les hommes sont éduqués, plus ils sont à mesure de contribuer au développement durable du pays.

En République Démocratique du Congo, depuis son accession à l'indépendance, le pays prône une politique de large ouverture du système éducatif. Cela se remarque par les discours et les orientations de tous les ministres qui sont passés à la tête de ministères de l'enseignement, secondaire, primaire, professionnel et universitaire

Le domaine éducatif de la province de Kinshasa compte trois divisons urbaines de l'enseignement primaire, secondaire et professionnel (Kin. Est, Kin. Centre et Kin. Ouest). C'est dans chaque commune que l'on rencontre de grandes écoles maternelles, primaires et secondaires des réseaux publics et privés.

Malheureusement, d'une part, la plupart d'écoles ne répondent pas aux normes exigées par l'UNESCO ou l'Etat. Plusieurs écoles publiques ne sont pas en bon état (les locaux précaires). Cela ne permet ni ne garantit le développement physique et intellectuel de l'enfant, Lumpungu (2008) dénonce que plusieurs autres écoles privées et publiques sont implantées dans la ville de Kinshasa à côté de décharges publiques, bars, marchés, églises, rivières, chemins de fer, artères principales… et ne tiennent pas compte des indicateurs environnementaux : dimension de la cour, dimension des salles de classe, surface occupée par élève par salle, installation sanitaire et assainissement (latrines, urinoirs, hygiène), eau potable (alimentation en eau potable en quantité et qualité), aménagement (existence de la pelouse, arbre dans la cours, fleurs et ornements, aménagement des allées).

A cause de cette situation de crise, il se dégage de nombreuses conséquences : des déchets. Les cours de récréation de certaines écoles sont transformées en décharges non contrôlées, des bruits tumultueux (pollutions sonores intenses), etc. Tout cela dégrade la qualité de l'environnement scolaire et vulnérabilise le rendement scolaire.

Quelques écoles privées ont des infrastructures appréciables ; d'autres sont dépourvues de bonnes installations. Elles louent dans des bars ou des maisons inachevées. Certaines écoles sont implantées entre les marchés, les églises, et divers établissements (cabines téléphoniques, terrasses, hôpital, etc.), provoquant par ce fait des bruits énormes, capables de nuire à la santé des élèves. D'où, la faible qualité de l'enseignement continue à baisser sensiblement et reste médiocre depuis le primaire et ce pour des motifs corrélés.

9.1. DE FAIBLE ACCÈS À L'ÉDUCATION ET DE SYSTÈME ÉDUCATIF DÉFECTUEUX

En pleine mondialisation, l'on ne peut pas renverser les mauvaises pratiques ou cultures destructrices de l'environnement des espaces urbains africains, sans une révolution culturelle environnementale. Il faut une bonne dose de la culture écologique pour contraindre les citadins à modifier ou réorienter leurs modes de production et de consommation, afin de jouir durablement des biens et services écosystémiques urbains.

Sachs (1992) prône l'éducation environnementale pour inverser les tendances de surconsommation urbaine des ressources. Brown (2001) plaide pour la cause de l'éducation environnementale pour le soutien d'une éco-économie au niveau planétaire. Quant à Lambin (2009), il pense que l'écologie du bonheur en milieu urbain se réalise grâce à plusieurs facteurs. Parmi ceux-ci, il y a entre autres l'éducation environnementale. Pour Musibono (2014), la bonne éducation écologique permet d'améliorer la transparence, un mécanisme politique pour assurer la durabilité environnementale de nos milieux. C'est ainsi que l'éducation, entendue comme un produit de la culture, est une manière de vivre destinée à construire le bien-être durable à partir des ressources environnementales naturelles et culturelles (Musibono, 2014).

Les actions pour une éducation efficace ne peuvent mieux s'obtenir que par les investissements éducatifs collectifs (éducation collective). C'est pour dire que la durabilité dépend de la qualité de l'éducation. Car, le devoir de la durabilité (éthique de responsabilité : Hans Jonas, 1991), ne peut être assumé que par des citadins éduqués pour les impératifs du futur. En d'autres termes, mieux le citadin est éduqué, plus il est un gardien de l'environnement urbain et se montre engagé ou motivé pour préserver la qualité de vie pour les générations futures.

A Kinshasa, la vulnérabilité de l'accès à l'éducation est ressentie au niveau de plusieurs ménages. Elle entre dans ce que Fundji (2013) qualifie de crise de l'éducation à Kinshasa. Plusieurs indices attestent cette vulnérabilité de l'éducation : absence de planification nationale, mauvais choix des orientations, carence d'écoles techniques dans la ville, modicité de salaire des enseignants, monnayage de côtes, etc.

En termes de proportion, c'est près d'un enfant sur cinq qui ne va pas à l'école, ou encore il a déserté l'école. La preuve supplémentaire de l'effectivité de cette réalité dans la ville de Kinshasa est l'accroissement du nombre d'enfants vulnérables dans les espaces publics : (enfants de la rue (« Shégués » mineurs), enfants vendeurs de denrées alimentaires ou autres produits manufacturés (« Shayeurs » mineurs), mineures prostituées (« sheil »), etc.

La vulnérabilité de l'accès à l'éducation s'accroit, parce que le système éducatif congolais en général et kinois en particulier est financé essentiellement par les parents, traumatisés par la précarité. 64,81 % de ménages éprouvent des difficultés pour la paie de frais scolaires de leurs enfants (Munkuamo, 2022). Fundji (2010) a démontré que les effectifs scolaires primaires et secondaires sont continuellement en baisse, à cause de la déperdition scolaire dans les milieux scolaires kinois. Il tient pour preuve le fait suivant : au cours de l'année scolaire 2008-2009, c'est plus de 510.680 enfants qui ont été exclus ou privés d'une éducation de base, à cause de la « toxicité chronique » de revenu familial de ménages. Dans cette logique, les études universitaires sont un luxe pour les enfants de certains ménages. Selon Funfji, 33 % de ménages ne comptent aucun universitaire parmi les membres de ménages. Plusieurs causes sont à l'origine de ce faible pourcentage.

L'on peut dire que le difficile accès à l'éducation à cause de multiples problèmes Pour Fundji (2010), c'est le tiers de la population kinoise qui est affecté par ce mot. Etant donné l'accès inégal à l'éducation par la population kinoise, les filles sont plus victimes d'analphabétisation dans les ménages par rapport aux garçons. Pour corroborer cette affirmation, selon les données présentées par l'auteur précité, au sein des populations âgées de 6 ans et plus, 43 % de filles et 37% de garçons seraient analphabètes dans la ville de Kinshasa. En effet, à cause de vulnérabilités présentes et étouffantes, beaucoup de familles semblent sacrifier l'éducation de base des filles au profit de celle de garçons.

Outre le déclin sensationnel des effectifs scolaires dus à l'inaccessibilité à l'éducation pour tous, un autre aspect, pas le moindre, qui vulnérabilise l'éducation à Kinshasa et ses bénéficiaires, est le délabrement sans précédent du système éducatif kinois, à travers la détérioration de la qualité de l'enseignement, à tous les niveaux. Elle place ce système en dehors de l'orbite de normes éducatives : surnombre des effectifs, sous- équipement, sous qualification du corps enseignant, etc. Tout ceci vulnérabilise davantage le système éducatif kinois

9.2. VULNÉRABILITÉ DE L'ENSEIGNANT

A l'heure actuelle, l'enseignant gagne moins de 600.000 francs congolais par mois. Avec un tel salaire, l'enseignant commence sa carrière pauvre et meurt pauvre. Beaucoup d'enseignants quittent le métier et s'adonnent au mercenariat.

A Kinshasa, l'enseignant survit grâce au partenariat entre les parents et les écoles. Dans ces conditions, les parents sont considérés comme des bailleurs de fond et les propriétaires des écoles, des banquiers. Cette situation contribue à la commercialisation de l'enseignement à Kinshasa. Dans cette logique, l'enseignant est clochardisé et vit de mendicités auprès des parents, à travers des cours supplémentaires. L'enseignant qui n'a ni manuels, ni kits d'enseignement, qui n'est pas recyclé, n'est plus au centre de processus éducatif ; il a perdu sa rationalité et son objectivité. De ce fait, il évalue mal les enfants, parce que les parents et les promoteurs ou responsables d'écoles prennent toujours là-dessus et imposent leur volonté. Cela conduit à des résultats fantaisistes. En d'autres termes, l'on enregistre beaucoup de diplômes qui ne sont pas des preuves de compétence.

Il y a lieu de signaler que, la précarité de l'enseignement est aussi liée au surnombre d'élèves dans les salles de classe. La capacité d'accueil ne suit pas du tout l'évolution du taux démographique. De ce fait, les écoles inscrivent plus de 60 enfants dans une salle de classe au lieu de moins de 45, suivant une dimension reconnue pédagogiquement. Généralement, les enfants s'assoient à trois sur un même banc et ce, dans une promiscuité qui expose les enfants à beaucoup de risques sanitaires : tuberculose, dermatoses (teigne tondante, mucosité dermique, gale, etc.), insectes parasitaires (poux de cheveux, punaise). Toutes ces conditions de défiance doximologique et de promiscuité réduisent l'efficacité de l'enseignant et ne permettent donc pas l'encadrement de tous les enfants, au dépend de la qualité de l'enseignement.

Pour faire face à une certaine précarité dans l'enseignement, depuis la rentrée 2019-2020, l'Etat a opté pour la gratuité de l'enseignement primaire. Cette gratuité est restée un slogan ou encore une décision politique (forme) qui ne peut pas avoir d'impacts significatifs, étant donné que les mesures sur l'amélioration des conditions d'enseignement sur le plan des infrastructures, de l'encadrement et de la prise en charge sociale des enseignants n'ont pas suivi.

La création d'écoles gardiennes est un geste louable. Malheureusement, quantitativement, l'équipement ne répond pas à la demande. A Kinshasa, il y a plusieurs universités et Instituts supérieurs. Ce secteur n'est pas épargné de la crise décrite précédemment. Les principaux problèmes de ce secteur sont : infrastructures vétustes et délabrées ; insuffisance d'équipements et du matériel (laboratoire, atelier…) ; surnombre dans les auditoires ; année académique élastique (dure plusieurs mois) ; modicité des salaires des professeurs ; vente non contrôlée de syllabus ; monnayage des points et de sexes, tribalisme et injustice ; recourt à certaines antivaleurs par certains enseignants (corruption, escroquerie…).

Eu égard à tous les problèmes soulignés, l'on comprend dès lors pourquoi aucune université congolaise ne figure parmi les meilleures universités du monde (Musibono, 2015).

9.3. DE RÉSILIENCE DE SYSTÈME ÉDUCATIF

S'agissant de la vulnérabilité du système éducatif occasionnée par les grèves, à cause des années blanches observées à partir des années 1980, un mécanisme de sauvetage des années scolaires et académiques, par la prise en charge du système éducatif des écoles publiques et conventionnées, a été mis en place par l'Association Nationale des Parents du Zaïre (ANAPEZA en sigle), en vue de résilier à la crise éducative et aux dysfonctionnements du système éducatif. L'on doit faire remarquer que la prise en charge du système éducatif en tant que stratégie de résilience à la vulnérabilité éducative des enfants congolais est encore effective jusqu'à ce jour, dans la ville de Kinshasa et l'arrière-pays. Adoptée par la quasi-totalité d'écoles et universités congolaises, cette pratique (prise en charge de l'éducation) est une participation à peine significative des parents aux financements de la scolarisation de leurs enfants. Elle a permis de soutenir certaines performances des services éducatifs.

Quoiqu'inacceptable, la prise en charge est un besoin pour résilier à la vulnérabilité du système éducatif kinois. Chaque institution ou structure scolaire tente de définir le mode de gestion de la contribution des parents pour ne pas léser les partenaires éducatifs dans leurs droits : enseignants (droits à un salaire digne), enfants (droits de bénéficier une éducation de qualité pour leur formation), parents (droit d'avoir de bons résultats). Dans la plupart de cas, le comité de parents constitue une plaque tournante pour la bonne gestion de revenus octroyés par les parents. Dans le cadre de la transparence, pour l'utilisation des fonds, il a des comptes à rendre aux parents.

La prise en charge comme mécanisme de résilience de vulnérabilité environnementale du système éducatif est reconnu par l'Etat et certaines corporations de défense de l'éducation nationale (ANAPECO, ASONEPA). Selon RESEN (Rapport de l'Etat du système Educatif National, 2012), ce mécanisme joue un grand rôle pour l'éducation scolaire des enfants. Il satisferait à 76 % les besoins nationaux en éducation. Aussi, par cette résilience, il y a une couverture remarquable du système éducatif dans la ville de Kinshasa.

Malgré cette résilience, la prise en charge de l'enseignement par les parents n'est pas une solution sociale durable. Elle est émaillée de beaucoup de surenchères de parents, de mythes dans le mode de fonctionnement de l'éducation congolaise. A titre d'exemple, un parent qui paie très cher le minerval à l'école accepte difficilement l'échec de son enfant et sa reprise de classe. Ces surenchères renforcent quelques fois l'inféodation du fonctionnement du système éducatif aux allégeances de parents devenus de partenaires tout puissants. Cette nouvelle forme de vulnérabilité émergente au niveau du système éducatif kinois a un impact négatif sur la qualité de l'enseignement. Le secteur le plus touché par cette vulnérabilité est le secteur de l'enseignement privé.

En définitive, l'objectif 4 des 7 Objectifs du Développement du Millénaire n'a pas été atteint à 2015 dans l'ensemble du pays. Tous les Indicateurs du Développement Humain (y compris celui de l'éducation) sont sombres en RDC. Ces cinq années consécutives, les trois dernières places occupées par le pays au classement mondial des Indicateurs du Développement Humain fait voir que tous les indicateurs de ce type de développement sont au rouge (santé, éducation, eau et assainissement, etc.). Ainsi, pour réduire sensiblement la vulnérabilité sociale liée à l'éducation et au dysfonctionnement du système éducatif dans la ville de Kinshasa, la stratégie de « l'Ecole pour tous » pour améliorer l'accès à l'éducation à Kinshasa ne doit pas être un slogan.

Il faudrait un engagement politique pour lutter contre la vulnérabilité de l'éducation. Il faut une politique éducative volontariste et responsable pour appuyer financièrement, matériellement, techniquement l'éducation et tout son système de fonctionnement dans la province de Kinshasa.

9.4. DES RÉSILIENCES AUX VULNÉRABILITÉS DES ÉQUIPEMENTS SOCIO-CULTURELS

A Kinshasa, il y a carence en structures et équipements socioculturels pour satisfaire les besoins urbains en loisirs divers : sports, lectures, cinémas… Beaucoup de quartiers de la ville sont dépourvus de terrain de football, dojos des arts martiaux, cinémas, bibliothèques, salles culturelles, etc. L'absence de ces structures rend les sujets de certains ménages kinois vulnérables dans la consommation d'activités communautaires récréatives, susceptibles de les détendre de leurs lassitudes mentales diverses. Ainsi, les Kinois sont presque otages d'accumulation de stress dans leurs esprits.

Afin d'échapper aux conséquences pathologiques de la multiplication de stress, les membres de divers ménages ont créé des mécanismes résilients pour aider les communautés urbaines de sortir des ornières de la marginalisation, d'exclusion, d'insécurité culturelle et de vulnérabilité mentale : multiplications spontanées de terrains de football et intensification des activités ludiques footballistiques et autres dans les cours de certaines écoles, paroisses et rues ; équipements des ménages en outils médiatiques divers (télévisions, radios, vidéos), pour l'information (journal radiodiffusé), le renforcement de la culture (films documentaires) et la distraction (film, théâtre, musique, danses) des membres de ménages ; déploiement de bistrots dans les coins et recoins pour la consommation de la bière, l'audition de la musique et la danse; construction de salles de fêtes pour la célébration de divers événements socioculturels : théâtres, conférences, meetings politiques, etc., mise en valeur de certaines salles paroissiales, stades municipaux et espaces publics pour l'organisation des activités socioculturelles de masse : kermesses, fêtes, deuils, etc., organisation de sorties pour la visite de sites touristiques de la place : Ma Vallée, Kinkole, chute de la Lukaya, Mai ya Pembe etc., mise en valeur de la marche à longue distance par les habitants de Kinshasa.

Tous ces mécanismes de résilience à la carence et au déficit d'équipements socioculturels urbains permettent, tant soit peu, de tenter de maintenir l'équilibre de la santé physique et mentale des Kinois.

Après toutes les élucidations de mécanismes de résiliences (stratégies) urbaines aux vulnérabilités environnementales (écologiques, économiques et sociales) de la population de Kinshasa, il importe à présent,

Primo : d'apprécier dans quelle mesure ces éléments de résiliences évoqués et analysés de façon synthétique dans les lignes précédentes constituent des réponses efficaces à la crise pour tous les groupes vulnérables.

Secundo : d'apprécier dans quelle mesure les interventions urbaines portant sur les résiliences économiques tentent d'apporter des réponses aux défis majeurs de la sécurité socio-économique, d'autonomie des ménages et du développement durable de l'espace urbain.

9.5. CRISE ENVIRONNEMENTALE DANS LES MILIEUX SCOLAIRES

Education et Environnement doivent faire bon ménage. Malheureusement, à Kinshasa en République Démocratique du Congo, ces deux variables ne se concilient pas entre elles.

Une bonne éducation doit se réaliser dans un environnement physique, humain et moral sain. La sauvegarde de cet environnement permet aux institutions éducatives d'être des milieux d'excellence et d'émergence, tout en leur donnant aussi la chance de mieux se lancer dans la conquête de la science.

Cependant, dans les milieux scolaires de Kinshasa, la protection de l'environnement ne constitue pas une « valeur » collective, publique et privée. La méconnaissance de cette valeur mal partagée par les élèves plonge les environnements scolaires dans la crise. Ainsi, les écoles de Kinshasa sont confrontées à des sérieux problèmes environnementaux.

Tableau 2. Perceptions du concept « environnement » auprès des élèves

Perception de l'environnement :	Fréquence	%
Air (atmosphère)	13	04,06
Eau (hydrosphère)	02	00,62
Sol (pédosphère)	10	03,13
Sous-sols ou roches (lithosphère)	00	00,00
Végétaux et animaux (biosphère)	83	25,93
Milieu qui nous entoure (cours de l'école)	162	50,62
Conditions naturelles de vie	05	01,56
Paysage ou esthétique du milieu	45	14,06
TOTAL	320	100

Source : Enquête de terrain, 2022.

En se conformant aux résultats du tableau 2, il ressort que 50,56 % des élèves pensent que l'environnement est le ' « milieu qui nous entoure » ; 25,93 % se réfèrent aux « animaux et végétaux » pour représenter l'environnement ; 14,06 % lient le concept de l'environnement au « paysage ou esthétique du milieu ». Les autres résultats sur les perceptions de cette notion auprès des élèves sont minoritaires, à savoir : l'air (04,06 %) ; le sol (03,13 %) ; les conditions naturelles de vie (01,06 %) et l'eau (00,62 %).

En rapport avec les résultats, l'on peut considérer que dans la perception du concept de « environnement », les conditions environnementales immédiates de sujets enquêtés ont beaucoup joué dans le contenu formulé sur le concept. Le milieu, les animaux et les végétaux auxquels ils sont familiers ont fait élever les scores de deux principales assertions, à savoir : ‘ « milieu qui nous entoure » (50 %) et les « animaux et les végétaux » ; (25,93 %) se réfèrent aux « animaux et végétaux » pour représenter l’environnement ;

Les autres scores, non négligeables, sont accidentels et dépendent de plusieurs contextes familiaux rencontrés par les élèves.

Tableau 3. Différents problèmes environnementaux biophysiques rencontrés dans les milieux scolaires.

Problème de l’environnement biophysique :	Fréquence	%
Pollutions et nuisances	78	24,37
Inondations régulières	34	10,62
Erosions	16	05,00
Prolifération des déchets et absence d’assainissement	173	54,06
Absence des végétaux	11	03,43
Inesthétique du milieu scolaire	08	02,50
TOTAL	320	100

Source : enquête de terrain, 2024.

Les différents problèmes environnementaux biophysiques rencontrés dans l’environnement scolaire à Kinshasa sont les suivants : prolifération des déchets et l’absence d’assainissement (54,06 %) suivi de pollutions et nuisance (24,37 %). Hormis ces deux problèmes majeurs, on trouve d’autres problèmes non négligeables, à savoir : les érosions (5,00 %) ; l’absence des végétaux (03,43 %) et l’inesthétique du milieu scolaire (02,50 %).

Tableau 4. Différents problèmes environnementaux humains

Problèmes de l'environnement humain	Fréquence	%
Dégradation des infrastructures et équipements scolaires	62	19,37
Mauvaise qualité de l'hygiène du milieu, nuisances olfactives et risques de la fragilité de la santé humaine	47	14,68
Exposition aux accidents et insécurité physique des élèves et du personnel	166	51,87
Tribalisme et exclusions sociales	23	07,18
Prolifération d'activités économiques informelles	14	04,37
Punition et sévisses mal régulés	08	02,50
TOTAL	320	100

Source : enquête de terrain, 2024.

Les problèmes de l'environnement humain relevés dans les milieux scolaires à Kinshasa sont : les élèves et le personnel enseignant sont exposés aux accidents et à l'insécurité physique (54,06 %) : la dégradation des infrastructures et équipements scolaires (19,37 %) et la «mauvaise qualité de l'hygiène du milieu, les nuisances olfactives et les risques de la fragilité de la santé humaine » (14,68 %). La troisième catégorie des problèmes de l'environnement humain est lié au tribalisme et exclusions sociales (07,18 %) ; à la prolifération d'activités économiques informelles (04, 37 %) et à la punition et aux sévices mal régulés'' (02,50 %).

9.5. FACTEURS DE CRISES ENVIRONNEMENTALES SCOLAIRES ENREGISTRÉES

Les différentes causes qui sont à l'origine de la crise environnementale dans les milieux scolaires kinois se présentent comme suit :

Sur le plan écologique : absence de planification écologique, gestion chaotique des déchets urbains, absence ou insuffisance des poubelles scolaires, industrialisation incontrôlée, inopérationalisation des services écologiques spécialisés, insuffisance des latrines ;

Au niveau politique : mauvaise gouvernance environnementale, absence des normes urbanistiques et phénomène d'auto-construction, constructions anarchiques, impunité ;

Sur le plan socio-économique : vulnérabilités socio-économiques des parents, faible revenu mensuel des enseignants, prolifération d'activités économiques informelles, forte densité scolaire, vétusté des infrastructures et équipements ;

Sur le plan culturel et éthique : faible sensibilisation des élèves en matière environnementale, ignorance des lois écologiques, la défaillance de l'éducation mésologique, la négligence

Hormis ces causes de problèmes environnementaux relevés, fondamentalement, la cause de la crise environnementale protéiforme en milieux scolaires de Kinshasa s'origine dans une crise de valeur. Car, l'environnement n'est pas encore perçu comme une valeur sociale, publique et privée partagée de la même façon par tous les élèves (Brechon, 2000). Ainsi, dans les milieux scolaires kinois, la protection de l'environnement n'est pas un idéal collectif. D'où, la crise environnementale multidimensionnelle éloigne les milieux scolaires d'une vraie possibilité d'accès au développement durable. Elle s'aggrave dangereusement dans ces milieux de vie parce que les problèmes environnementaux scolaires sont vus seulement comme des faits objectifs et non comme des faits construits.

Face à cette crise écologique il est urgent de penser à un développement durable de ces institutions scolaires, afin de les placer sur l'orbite de la durabilité environnementale. La durabilité environnementale est un ensemble de pratiques devant remplacer les conditions précaires par celles jugées bonnes et très efficaces (Agenda 21). Elle vise le bien être communautaire qualitativement et quantitativement en sécurisant également des générations futures.

Dans cette optique, l'éducation environnementale s'avère importante. Elle est un outil indispensable de lutte contre la dégradation de l'environnement et du milieu de vie.

Chapitre 10
Soins de sante

Le concept « santé » est difficile à définir, il n'est donc pas surprenant qu'il ait été interprété des diverses manières. Néanmoins la santé a une valeur intrinsèque qui ne peut être quantifiée uniquement en unités monétaires. Cela découle que la santé est fondamentalement différente de tout autres attribut de l'existence du fait de sa nature unique du corps humain. La santé n'a pas de prix, vu sa valeur, la santé devrait être épargné.

E. Dorier Appril (2006) note que « s'il est un domaine où les villes sont l'objet de préjugés négatifs récurrents et ancrés dans les mentalités, c'est bien dans celui de la santé. Loin de la Mère Nature, supposée saine, les villes ont la réputation de lieux désaltérés, tant dans les domaines de maladies liées aux multiples agents pathogènes et au manque d'hygiène (pollution et stress).

La santé, comme le rapporte D. Shako (2008), ne consiste pas seulement en une absence de maladie ou d'infirmité. Elle est surtout un état complet de bien-être physique, mental, social... De ce point de vue, les conditions hygiéniques précaires représentent un fléau qui contribue à l'expansion de plusieurs maladies.

L'OMS (1994) fait remarquer qu'avec la croissance non planifiée des villes africaines, la maîtrise de la qualité de l'environnement devient un enjeu majeur de santé publique. La présence d'une hygiène défectueuse dans nombre d'espaces urbains offre des conditions bio-écologiques favorables au développement de germes pathogènes responsables de nombreux maladies.

10.1. SANTÉ ET ENVIRONNEMENT

L'environnement est un facteur déterminant de la santé humaine, à travers différents facteurs. Le manque de l'hygiène et de l'assainissement adéquat sont les principaux facteurs d'environnement qui altèrent la santé. La pollution de l'eau, de l'air et des sols, de l'habitat précaire et vétuste ou les mauvaises conditions de travail sont à l'origine de multitude de pathogènes, notamment cancéreuses, des troubles de la reproduction et du développement.

A titre d'exemple, l'accumulation des déchets non biodégradables, des substances toxiques, l'émission de gaz à responsables de la disparition de la couche atmosphérique d'ozone O3 et de réchauffement de la planète ont un impact écologique entrainant des risques pour la santé et le bien-être des populations.

L'OMS (2022) estime que 24 % des maladies actuelles dans le monde peuvent être attribués à la dégradation de l'environnement et 2/3 des décès sont liés aux maladies liés à l'environnement. : Il s'agit notamment de : insalubrité publique ; recrudescence de maladies infectieuses et parasitaires (paludisme) ; maladies diarrhéiques (fièvre typhoïde) ; maladies endémiques (tuberculose) ; rougeoles, tétanos, polio ; mortalité maternelle élevée, en raison de causes directes (avortements provoqués, problèmes obstétricaux…) et de causes indirectes (âge de la mère à l'accouchement, grossesses rapprochées, services de santé inaccessibles et inadéquats… malnutrition (la situation alimentaire et nutritionnelle de Kinshasa est préoccupante).

Pour l'Agenda 21, la santé humaine dépend essentiellement de la capacité de la société a gérer l'interaction entre les activités humaines et leur environnement biologique de manière à sauvegarder et favoriser la santé sans compromettre l'intégrité physique et biologique (Rio, 1992). Cette conception de l'Agenda 21 a été soutenue par l'organisation mondiale de la santé (OMS) quand elle déclare que « l'environnement est la clef d'une meilleure santé »

10.2. DE L'IMPORTANCE DE STRUCTURES SANITAIRES

Pour la santé humaine, Action 21 insiste sur la promotion de la santé comme l'un des objectifs les plus importants du développement durable. Cette promotion doit être soutenue dans les zones urbaines comme dans les zones rurales. En effet, comme l'a si bien identifié Dorier Apprill. (2006), la ville doit faire partie d'une action prioritaire de promotion de la santé, à cause de son ''environnement sensible à toute forme de dégradation de la qualité de l'environnement'', qui provoque la pollution de l'air et de l'eau, la contamination des sols due aux produits chimiques, aux déchets dangereux, aux radiations, etc. Pour Action 21, la dégradation de l'environnement à un effet négatif direct sur la santé humaine

La ville de Kinshasa compte 6 districts de santé et 35 zones de santé répartis de la manière suivante :

- District de la Funa : communes de Bumbu, Kasavubu, Makala, Ngiri-Ngiri, (4) ;
- District de la Gombe : communes de Barumbu, Gombe, Kinshasa, Linguala, Police (5) ;
- District de Kalamu : communes de Kalamu1, Kalamu2, Kingabua, Kisenso, Lemba, Limete, Matete, Ngaba (8) ;
- District Lukunga: Bandanungua, Binza Météo, Binza Ozone,, Kitambo, Kokolo, Mont-Nfafula1, Mont-Ngafula2, Selembao (8) ;

- District de Ndjili : Kikimi, Kimbaseke, Kingasani, Masina1, Masina2, Biyela, Ndjili (7) ;
- District de la Nsele : communes de Maluku I, Maluku II, Nsele III

Parmi les 2133 formations médicales enregistrées (rapport d'activités d'inspection provinciale de la santé, 2019), les deux tiers appartiennent au réseau confessionnel et privé. Malheureusement, malgré la pléthore des centres médicaux, la qualité de services est déplorable.

Le manque ou l'absence de services essentiels affectent le bien-être des populations et les rend plus vulnérables aux risques sanitaires. En ce qui concerne la morbidité, d'après le rapport d'activités d'inspection provinciale de la santé (2019), la plupart de maladies qui vulnérabilisent la population kinoise sont liées à la mauvaise qualité de l'environnement, aux conditions d'hygiène, d'approvisionnement en eau potable et d'assainissement.

Plusieurs structures de santé de la ville de Kinshasa sont des initiatives privées (individus et confessions). Etant donné ce statut, généralement, les soins coûtent cher. D'où, le problème de l'accessibilité de soins pour tout le monde. C'est la raison pour laquelle, certaines couches de la population préfèrent recourir à l'automédication ou encore emprunter la voie de la médecine alternative (médecine naturelle).

10.2.1. DE LA DÉGRADATION DE STRUCTURES SANITAIRES

A Kinshasa, l'Etat a investi très peu dans le secteur de la santé. Les principaux problèmes qui traduisent les vulnérabilités du système sanitaire sont entre autres : l'existence d'infrastructures détériorées et inadaptées, le sous-équipement en matériel de soins de santé et de laboratoire, la carence d'approvisionnement en produits pharmaceutiques et intrants médicaux, l'insuffisance ou l'inexistence de médecins spécialistes, etc.

Tous ces problèmes de vulnérabilités du système sanitaire réduisent la qualité de soins de santé. Pour éviter que la santé de la population kinoise souffre de la mauvaise qualité, plusieurs solutions alternatives voient le jour dans la ville de Kinshasa. D'abord, il y a la création de cliniques et centres de santé privés pour réduire la vulnérabilité de la qualité de soins apportée par le système sanitaire public. Actuellement, dans la ville de Kinshasa, trois quart (75 %) de structures sanitaires opérationnelles sont privées. Ces structures de résiliences émergentes tentent de résoudre deux problèmes majeurs : améliorer la qualité de soins de santé

La première solution de résilience à cette vulnérabilité est au bénéfice de citadins riches (Politiciens, Hommes d'affaire ou Commerçants, Diplomates, Religieux, Officiers de l'Armée…). Ce projet de résilience se met en place grâce à l'initiative et à l'effort des individus (Médecins spécialistes nationaux et expatriés). Cependant, d'une part, la cherté de soins de santé est l'autre versant du côté duquel bascule cette stratégie de résilience. D'autre part, le sous équipement en matériel hypersophistiqué de prise de soins dans les structures sanitaires constitue une source de vulnérabilité. Pour preuve, les cas de transfert à l'étranger de structures sanitaires de résilience liée à la qualité de soins de santé sont légion.

La deuxième solution concerne l'extension de la couverture sanitaire. Avec les structures sanitaires publiques existantes dans la ville de Kinshasa, l'accessibilité géographique de soins de santé est faible. Les privés viennent étendre cette couverture. Plusieurs quartiers de la ville (Mbudi, Mpasa, Zones de Maluku, Kimwenza village, Buma, etc.) ont aujourd'hui accès aux soins de santé primaires grâce à l'organisation et au fonctionnement du système de santé privé dans la ville. Malheureusement, le goût de lucre (cherté de la facture) ne permet pas aux démunies d'y accéder.

Cependant, quoique les centres de santé privés aient constitué une solution aux vulnérabilités liées au système sanitaire kinois. Il y a carence d'infrastructures (services limités), sous-équipement (absence de matériel de laboratoire, d'hospitalisation et de mobilisation de malades), sous-qualification du personnel (imposture des infirmiers se faisant passer comme des médecins), etc.

10.2.2. De la dégradation de conditions de santé

A Kinshasa, presque tous les quartiers sont couverts par une structure sanitaire de proximité : dispensaire, centre de santé, hôpital de référence et clinique d'intérêt national. Actuellement, Kinshasa pourrait compter plus de 3000 structures sanitaires formelles (Division Urbaine de la Santé, 2020). En marge de cela, dans le cadre de la survie, d'innombrables structures sanitaires informelles existent et fonctionnent dans la clandestinité à Kinshasa, pour appuyer la prise en charge sanitaire des populations urbaines. Le ministère de la santé publique n'en assure ni le contrôle d'activités de santé, ni la surveillance et l'évaluation de risques.

Ce laisser-aller à plusieurs conséquences environnementales : circulation de mauvais médicaments, traitement lacunaire de malades, multiplication de cas de complications, défiance de la déontologie (provocation des avortements), etc.

Toutefois, dans un cas (formalité) comme dans l'autre (clandestinité), plus de la moitié de l'ensemble de structures sanitaires opérationnelles à Kinshasa sont véritablement des « ligablo » et exercent leurs activités en dehors des normes scientifiques, techniques, éthiques et déontologiques de fonctionnalité de structures sanitaires de la RDC : défiance du périmètre géographique d'implantation, implantation dans des parcelles d'habitation où des ménages partagent leur vie avec des malades, développement anarchique de services, mal équipement des services organisés, personnel non qualifié, etc.

Pour les médecines alternatives, elles soulagent un tant soit peu la souffrance de certains malades (troubles neurologiques, hémorroïdes, fièvres, sinusite, etc.). En dépit de soulagements apportés auprès de certains patients kinois, la pratique de ces médecines reste vulnérable : conditionnement et administration de médicaments, manipulation de patients, sous information des affections, etc. Toutes ces vulnérabilités démontrent un tableau apocalyptique de la situation sanitaire dans la ville de Kinshasa. En conséquence, la ville est confrontée à la hausse de taux de mortalité et de morbidité, pour toutes les couches sociales urbaines. Néanmoins, les catégories sociales vulnérables à risque sont essentiellement les enfants et les vieillards de familles pauvres.

Eu égard à la recrudescence de la morbidité et celle de mortalité enregistrée dans les districts sanitaires de Kinshasa, la ville, dans son ensemble, n'a pas pu atteindre les Objectifs 4, 5 et 6 du Développement du Millénaire, à savoir : objectif 4 (réduire de deux tiers le taux de mortalité d'enfants de moins de cinq ans ; objectif 5 (améliorer la santé maternelle. Réduire de trois quarts le taux de mortalité maternelle et objectif 6 (combattre les VIH/SIDA, le paludisme et d'autres maladies). C'est ainsi qu'en dépit de sa grande couverture en structures sanitaires, tous ces objectifs sont restés de vœux pieux à Kinshasa, parce que les dysfonctionnements internes de structures sanitaires et les vulnérabilités environnementales (écologique, économique et sociale) sont au comble de la crise, et elles menacent l'équilibre sanitaire urbain.

L'état défavorable et pathologique d'esprit humain détruit irréversiblement l'équilibre sanitaire et le bien-être psychologique et mental de beaucoup de Kinois, en exposant certains d'entre eux aux Accidents Vasculaires Cardiaques hémorragiques (AVC).

10.3. DES RÉSILIENCES À LA VULNÉRABILITÉ EN SOINS DE SANTÉ

La difficulté d'accès aux soins de santé primaires de qualité est due à la pauvreté qui induit l'inégalité économique et un faible taux d'accessibilité économique aux soins de santé, soit environ 37 % depuis 1998 (Kebela, 2004). Pour cet auteur, hormis le revenu, d'autres facteurs qui limitent l'accessibilité aux soins de santé en créant la vulnérabilité sanitaire sont : la religion, la charge plus ou moins grande du ménage et le niveau d'instruction.

Le revenu de citoyens et de groupes sociaux (famille, tribu, ethnie) étant précaire, face à la santé qui implique des coûts et de frais supplémentaires, les soins de santé assurés par certaines structures sanitaires kinoises sont un luxe pour plusieurs ménages de Kinshasa. Kebela (2004) montre que dans la commune de Kinshasa où la pauvreté sévit à 63% au sein de la population, 27 % de ménages n'ont pas facilement accès aux soins de santé. Cette situation du taux de non-accès ou de difficile accès aux soins de santé de populations kinoises se rencontre dans plusieurs autres quartiers et communes de

Kinshasa minés par la vulnérabilité socio-économique : Kisenso, Maluku, Kimbaseke, Nsélé, Makala, Bumbu…

A Kinshasa, « pauvreté et maladie » constituent un cercle vicieux. La plupart de Kinois tombent malades, parce qu'ils sont pauvres, vulnérables économiquement. Trois pratiques accroissent la possibilité d'accès de personnes vulnérables économiquement aux soins de santé, à savoir : l'application de l'automédication, le recours à la médecine alternative (phytothérapie africaine, médecine naturelle chinoise, etc.) et la pratique de la médecine spirituelle (cure spirituelle des groupes de prières, actions incantatoires de marabouts, sorciers ou « nganga ngombo »).

Pour les automédications de la médecine moderne, le laisser-aller dans le fonctionnement du secteur pharmaceutique en RDC expose le destin de l'automédication dans la ville de Kinshasa et de ses patients à plusieurs risques sanitaires : consommation de produits périmés, prise en charge de maladies par des médicaments sous-dosés ou contre-indiqués, développement de piratages… Aussi, le secteur pharmaceutique, bondé de non spécialistes en quête de lucre, s'est substitué au secteur médical dans la prescription de produits pharmaceutiques et de leurs doses.

La médecine naturelle, avec l'arsenal de sa pharmacopée traditionnelle contribue relativement à la double résilience de la vulnérabilité sociale. Du point de vue des patients candidats à cette médecine, ils trouvent un accès facile à la pharmacopée traditionnelle, grâce à l'accessibilité de soins, aux coûts abordables de produits, à la bonne métabolisation de principes actifs de médicaments naturels, au bénéfice des actions médicales en faveur du patient (souplesse du protocole, suivi hospitalier des malades et autres pratiques), à la prise en charge de certaines pathologies graves (infertilité sexuelle, prostates, myomes, etc.) … D'où, pour la proximité de soins de santé et la satisfaction de besoins face à une forte demande sociale, la médicine naturelle africaine est une médicine des pauvres, des vulnérables socio-économiques.

En ce qui concerne les prestataires de services, la médecine naturelle assure la survie, parce qu'elle procure des revenus pour la satisfaction de certains besoins de ménages. Sur le plan de la localisation, les médecines naturelles africaines sont bien implantées dans les quartiers périphériques connectées aux voies de communication (Kingasani, Mpasa, Kinkole, Kisenso, Kimwenza, Mbanza Lemba…), pour la facilité de fournitures en produits naturels (« tangawisi », « kongobololo », « mondongo », « mupesipesi », « kimbiolongo », « tumbako », etc.) en provenance de provinces voisines de Kwango, Kwilu et Congo-central.

Quant aux maladies infectieuses transmissibles, l'usage de préservatifs et le recours à l'abstinence sont de plus en plus ancrés dans le mode de vie sexuel des Kinois. Ces pratiques, non encore de routine dans les mœurs de populations au niveau de l'espace urbain, sont des moyens de résilience au VIH/SIDA. Aux stratégies de résiliences aux vulnérabilités sanitaires dans la ville de Kinshasa s'ajoutent l'Education, l'Information et la Communication (EIC) pour renforcer la sensibilisation de la population sur les règles de l'hygiène et de la santé pour le bien-être de tous, dans le milieu urbain.

Chapitre 11
Transport et voirie urbaine

A Kinshasa, le secteur du transport urbain reste encore médiocre, parce qu'il est affecté par le mauvais état de la voirie urbaine.

11.1. TRANSPORT

La ville étant synonyme de « habiter, travailler, circuler et se détendre décemment », l'urbanisation se traduit aussi par l'augmentation de la mobilité quotidienne de citadins et de la qualité des transports publics. A Kinshasa, le transport pose problème. Les effets de la crise que connaît la ville de Kinshasa n'ont pas épargné le secteur de transport urbain. Parmi les causes qui entretiennent la précarité à Kinshasa, l'on cible le transport public urbain.

En effet, dans la fonction urbaine de mobilité et fluidité, les voies et moyens de communication doivent se constituer en réseau dans le tissu urbain. Cela permet la coordination de systèmes de transport urbains pour une vie urbaine équilibrée. Une bonne santé et vitalité de systèmes de transport urbains se manifeste autour d'un réseau de communication intense. Le transport multimodal (routier, ferroviaire, fluvial, pédestre) dans la mise en œuvre de systèmes de transport est une stratégie adéquate pour décongestionner la mobilité de citadins, afin d'améliorer leur bien-être social, à travers la satisfaction du service urbain de transport.

Pour cette raison, les conditionnalités susceptibles d'améliorer la qualité des services de transport urbain et son accès pour tous sont multiples : voies de communication intenses (construction de systèmes de communication urbains), large couverture géographique de voies de communication, suffisance de moyens de transport publics et privés, faible coût de moyens de transport, sécurité environnementale de mobilité urbaine, etc. Dans les mégapoles urbaines (ville de plus de 10 millions d'habitants), toutes ces conditionnalités ne doivent souffrir d'aucune faille pour maximiser le succès de mobilité dans ces typologies de villes de grande taille

11.1.1. Dysfonctionnement du système de transport à Kinshasa

Il y a trois grandes raisons majeures à la base de cette panne : une politique trop faible, en rupture avec la croissance urbaine exponentielle ; sous-investissement et sous-équipement par rapport au poids démographique ; désordre. Les deux premiers griefs concernent le secteur du transport collectif public ; quant au troisième grief, il affecte le secteur du transport privé.

Pour le secteur du transport collectif public, qu'il y a une mauvaise exploitation du secteur. A Kinshasa, les entreprises publiques ou étatiques se rendent vulnérables dans leur existence physique et morale, à cause de la gestion catastrophique effectuée par l'Etat.

S'agissant du secteur de transport collectif privé, il y a trop de dérives éthiques dans la régulation de la circulation urbaine. Il évolue sans normes routières. En effet, de milliers d'engins roulants (voitures, minibus, gros bus, camionnettes, camions ou « fula-fula ») sont entrés dans le pays et mis en circulation sur la voie publique urbaine, sans avoir subi un contrôle technique préalable et obtenu de documents d'autorisation de circulation. Cette crise de la qualité de moyens de transports collectifs privés à Kinshasa remonte aux années 1970 (Mwanza wa Mwanza, 1997).

Plusieurs facteurs sont à l'origine de cette crise du transport collectif pour l'accomplissement de la fonction de service urbain, notamment : embouteillages, inexistence de moyens de transport dans les banlieues, abandon de certains réseaux, absence et insuffisance de moyens de transport public, irrégularité des transports publics, longue durée d'attente de moyens de transports aux arrêts de bus ou taxis, transport ferroviaire et fluvial inexistant, etc.

Pour les longues marches, lot quotidien des Kinois, a des retombées sanitaires sur les populations kinoises. Car, elles se soldent par des manifestations physiques et psychologiques diverses : sudation, fatigues, soif, faim, déshydratation, etc. Plusieurs Kinois dépourvus de moyens financiers meurent à petit feu, parce qu'ils effectuent souvent de longues marches à pieds pour des destinations variées et avec des objectifs multiples. Dans la catégorie de personnes effectuant de longues marches à Kinshasa figurent les femmes. Très tôt ou tard dans la journée, l'on observe de femmes effectuer de longs trajets aller et retour, pour chercher la survie de leurs ménages : mamans « bipupula » ou « manœuvres' » aux installations portuaires (libongo) ou aux marchés (zando), mamans maraîchères, mamans vendeuses de pains, maman « makala », etc. Ces femmes misérables, ployant sous la pénibilité de lourds fardeaux transportés au dos ou sur la tête sont incapables de payer le transport et vivent aux dépends de fruits de leurs longs trajets.

Pour les moyens de transport privé servant de transport collectif, la vulnérabilité du surnombre de véhicules de secondes mains apparaît dans l'augmentation de leurs empreintes dans l'environnement. A Kinshasa, 1 véhicule sur 2 est de seconde main (véhicules d'occasion). La circulation de ces véhicules cause des pollutions environnementales urbaines. Les différentes composantes de l'environnement urbain affectées par la pollution automobile sont : atmosphère, hydrosphère, pédosphère, biosphère…

Tous les problèmes liés à l'environnement incommode du transport à Kinshasa limitent sensiblement la qualité de l'offre affectée à ce service et vulnérabilisent la population pour l'accès aux « pôles d'activités et aux bassins d'emplois » (Kabamba, 2014). Entre temps, la demande urbaine en moyens de transport de qualité croit inexorablement avec l'explosion démographique. Cette explosion démographique urbaine, entretenue avec un rythme actuel de taux de croissance de 4 à 6 % (Mpuru et Mbuluku, 2024), peut inquiéter dans l'avenir. Tout son poids démographique repose sur les pauvres qui hypothèquent l'avenir du transport urbain à Kinshasa. En ce sens, Mpuru et Mbuluku (2024) qui accordent une place prépondérante des déplacements humains dans cette ville, pensent que « le contexte de pauvreté urbaine reste le plus grand défi pour assurer le développement des transports à Kinshasa ».

C'est pourquoi, à cause de vulnérabilités de déplacements de citadins dues au dysfonctionnement du système de transport organisé par les pouvoirs publics, trois voies plausibles s'offrent aux Kinois, pour leur mobilité, afin de circuler librement dans la ville et atteindre les sites inaccessibles : soit « la ligne 11 », c'est-à-dire l'on fait le pied, soit l'on n'y va pas du tout, soit l'on emprunte la moto. Partant de ces vulnérabilités, il est apparu des transporteurs informels dont les plus représentatifs d'entre eux se manifestent à travers la recrudescence du phénomène 'wewa'(moto).

11.1.2. De la résilience de transport urbain

A Kinshasa, le transport public étant mal organisé ; les sociétés de transport en commun étant presque inexistantes, la population est abandonnée tout entre les mains de privés. Par conséquent, chaque jour, les Kinois doivent se « battre » pour se rendre à leurs services. De trop longues distances sont parcourues à pieds (forme de résiliences). Ainsi, la crise du secteur a favorisé le développement d'un système de transport anarchique, sans contrôle technique d'engins acceptables sur la voie publique. Dans ce secteur, la précarité se fait remarquer aussi par la multiplication de moto, appelé « wewa ».

A cause de l'insuffisance de trame viable, de moyens de transport en commun, les Kinois se déplacent aussi par des motos, appelées « wewa », qui est un moyen rapide. Toutefois, ce moyen, bien que rapide, est l'une des causes de dérives éthiques à Kinshasa. Les jeunes gens, appelés par le Kinois « wewa », préfèrent transporter sur la moto deux ou trois personnes sans tenir compte de sexe. La plupart de femmes transportées par le « wewa » sont souvent victimes d'harcèlements sexuels ou de vol.

Dans le secteur de transport, la précarité est aussi amplifiée par le nombre de véhicules, de seconde main, importés de l'Europe et de l'Asie, qui augmentent la pollution de l'air. La pollution de l'air provoquée par le gaz d'échappement de ces voitures est un danger pour la santé de Kinois. Dans la ville de Kinshasa, environ trois enfants sur dix souffrent des maladies respiratoires (Kayembe J.M.,2010). L''augmentation de ce cas de maladies respiratoires est due au manque d'assainissement de la ville et au nombre important de véhicules de secondes mains à Kinshasa. Chaque semaine, plus de 50 voitures de seconde main entrent dans la ville de Kinshasa. Ces voitures sont à l'origine de plus de 50 % d'émissions de dioxyde d'azote dans l'air à Kinshasa.

A Kinshasa, la crise chronique de transport pèse gros sur les vulnérabilités sociales, parce que la voirie urbaine est à la fois insuffisante et lacunaire pour mieux assumer sa fonction urbaine de circulation.

11.2. VOIRIE URBAINE

Par voirie, il faut entendre un ensemble complexe de structures mises en place pour faciliter la mobilité de personnes et des eaux usées dans l'exutoire. Elle comprend les routes, les rues, les trottoirs, les caniveaux, les voies de canalisation des eaux usées ainsi que des réseaux divers.

En effet, en ville, la voirie est indispensable pour la qualité de vie dans les milieux urbains. Elle assure des fonctions essentielles pour la mobilité, la sécurité, et me cadre de vie des habitants. Elle constitue le support et moyen qui permet de satisfaire le service de transport.

Elle doit répondre aux besoins sociaux pour le bien-être collectif et individuel. Cependant, la vétusté et l'insuffisance de la voirie à Kinshasa entraîne de vulnérabilités environnementales sociales.

11.2.1. Différents types de voirie urbaine

En ville l'on distingue trois types de voirie :

- *Voirie primaire* : elle traverse et structure la ville en reliant différents quartiers entre eux.

- *Voirie second aire* : la voie secondaire traverse et structure un quartier ou une de ses parties.

- *Voirie tertiaire* : elle désigne les vois de circulation qui observent les bâtiments et les parcelles, offrant un accès direct aux riverains.

Toutes ces voiries sont caractérisées par un trafic plus local

11.2.1. Voirie et environnement urbain

La ville se conçoit comme un lieu de la facilité et de la rapidité. Pour la circulation rapide en ville, celle-ci doit être bâtie ou aménagée avec diverses voies de communication de bonne qualité (routes, chemins de fer, voie aérienne, emprises piétonnes, voie maritime ou fluviale, etc.), pour faciliter la mobilité des citadins.

Cependant, pour accélérer la vitesse de la mobilité urbaine, les voies de communications ont besoin d'être modernisées (autoroutes, tramways) et interconnectées en réseaux pour assurer un transport urbain multimodal, où il y a une succession d'autoroutes, de tramways, de transports aéroporté et fluvial, pour une même finalité : multiplier la vitesse de mouvement. Car, la gestion du temps est une fonction urbaine importante.

Pour une circulation aisée et harmonieuse en ville (célérité), les quatre points géographiques d'une ville doivent jouir de mêmes avantages dans la couverture des voies en communication. Pour ce faire, la politique urbaine pourra tirer profit de l'application formelle du « principe de l'équidistance ». Ceci peut servir de moyen théorique pour une bonne couverture en voie de communication en milieu urbain.

11.2.2. Kinshasa et la voirie urbaine

A Kinshasa, la voirie, dans son ensemble laisse à désirer. Les services qu'elle offre est vulnérable. En effet,

78,28 % de sujets reconnaissent avoir des problèmes de voirie dans leurs quartiers (Munkuomo, 2025). En fait, toutes les communes de Kinshasa sont concernées par le problème de la voirie. La gravité du problème, d'une commune à une autre. Les plus touchés sont certains quartiers de communes périphériques : Kimbaseke, Kisenso, Maluku, Mont-Ngafula, Nsele (Mpasa, Talangai, Kinkole), Selembao, etc.,

Les problèmes dominants de la voirie observés à Kinshasa, sont de les suivants : la stagnation des eaux usées sur la voirie, absence de caniveaux le long d'avenues, absence de routes asphaltées, routes impraticables en saison de pluies, avenues mal entretenues, non prise en compte de normes urbanistiques des avenues et caniveaux non ou mal entretenus, de caniveaux sous dimensionnés , absence du trottoir pour piétons .

Outre les problèmes majeurs repris ci-dessus, l'on observe d'autres problèmes mineurs, tels que : absence d'éclairage, inondations, détérioration ou dégradation de chaussées, multiplication de nids de poules sur la chaussée, étroitesse de routes, multiplication d'accidents, embouteillages, forte présence de « wewa » avec toutes sortes de risques, de longues marches à pied, et

A cause du mauvais état de la voirie, certains quartiers de la ville demeurent difficilement accessibles, surtout pendant les saisons pluvieuses. En effet, l'inaccessibilité de certains quartiers et sites rend plusieurs ménages vulnérables et constitue une contrainte dans la réalisation d'activités de leurs membres : difficulté de mobilité pour se rendre au travail, aux commerces, à l'école, à l'église, etc.

Pour la mobilité et la facilité d'accès à l'école, à Kinshasa, 64,81 % de sujets accèdent difficilement aux sites scolaires. Cette difficulté d'accès aux sites scolaires est due à la dégradation de la voirie, aux entraves des inondations et débordements de la voirie, aux emportements de ponts instables, à l'étroitesse et à l'envahissent des emprises de la voirie par les activités informelles de tous ordres, etc. Tous ces problèmes vulnérabilisent les conditions de mobilité urbaine et préjudicient les citadins, et surtout les enfants dans leurs multiples activités scolaires.

De nos jours, plusieurs artères sont en voie de modernisation. Hormis les quelques cas, les autres voies périphériques et internes desservant l'intégralité de la ville sont à la fois incomplètes, vétustes et sursaturées.

En effet, la voirie subit les effets de contrainte mécanique et écologique dus à la précarité, à l'usure et à la sollicitation extrême de leur capacité. Toutes ces situations surviennent à cause du fait que la naissance de certains quartiers de Kinshasa n'a pas suivi la rationalité dans l'occupation de l'espace.

Cependant, certains quartiers de quelques communes : Bandalungwa, Barumbu, Gombe, Kalamu, Kitambo, Lemba, Limete, Lingwala, Matete, Ndjili et Ngaliema répondent à quelques normes urbanistiques. Les autres communes et quartiers n'ont pas respecté les normes urbanistiques élémentaires (manque de lotissement, de POS). La plupart d'habitations sont construites sans aménagement préalable. Les habitants de plusieurs quartiers, dans les communes de Makala, Kintambo, Selembao, Limete construisent leurs logements, même dans l'eau, avec toutes les conséquences : érosions (ravins), maladies hydriques…

Eu égard à ce qui précède, les voies urbaines ne remplissent pas correctement leur mission. Elles sont tantôt mal construites, tantôt sous- dimensionnées, par conséquent inadaptées et mal intégrées au réseau communal fonctionnel sur la base du Schéma Directeur d'Aménagement et d'Urbanisme (SDAU). D'où, elles sont toujours débordées lors de fortes averses ou pluies et obstruées par les matières solides de tous genres : sables, immondices et autres rejets solides dans le réseau d'assainissement.

Les eaux de rivières et de pluies envahissent les chaussées et détruisent l'asphalte, en créant des nids de poules ci et là. Suite à la destruction de la voirie, plusieurs quartiers de la ville sont victimes de plusieurs types d'inondations. Il s'agit d'inondations dues aux crues de cours d'eaux, aux ruissellements et aux torrents boueux. Le mauvais curage et le non aménagement de rivières qui traversent la ville sont à l'origine de fréquentes inondations.

Tous les méfaits élucidés précédemment, selon leur importance, montrent le visage multiple de la précarité dans la ville de Kinshasa et de ses effets sur l'environnement global de ce milieu urbain.

11.2.3. De la voirie durable à Kinshasa

Pour la durabilité de la voirie à Kinshasa, l'on doit recourir aux forces de mouvement de Doxiadis. (1969). En effet, les principales catégories que renferme le concept force de mouvements sont : la mobilité spatiale urbaine (déplacement d'un sujet mouvant du point A vers B), le flux de proximité ou en distance de (matière, énergie et information) en ville, le changement ou le remplacement des occupants de la ville par d'autres, la transformation de la physionomie artistique ou esthétique urbaine, la succession d'une génération par l'autre dans le temps, etc.

Ainsi, par ces appréhensions conceptuelles, ce qui est mis en exergue dans la force de mouvement en ékistique, c'est d'abord la circulation rapide, égale et équilibrée des hommes, des ressources (naturelles, financières, déchets). Ensuite, les forces de mouvement font allusion au changement, à la variation et au renouvellement des aspects (physique, démographique, artistique, etc.) de la ville.

Les forces de mouvement permet de ''créer du nouveau dans l'ancien''. Le processus de mouvement recherchant ''l'autre visage vivant de la ville'' concerne tous les organes fonctionnels naturels ou artificiels de la ville, parce que naturellement, la ville est soumise à une dynamique pouvant conduire à la dégradation. Cependant, dans cette dernière forme de force de mouvement, il sied de dire qu'elle doit s'accompagner d'un allègement d'encombrement des matières, pour ne pas étouffer l'espace urbain, mais aussi pour limiter l'entropie.

Pour la circulation rapide dans la ville de Kinshasa, celle-ci doit être bâtie ou aménagée avec diverses voies de communication de bonne qualité (routes, chemins de fer, emprises piétonnes, voie maritime ou fluviale, etc.), pour faciliter la mobilité des Kinois. Un aménagement durable réduit l'impact environnemental : pollution, inondation, bruit, embouteillage, accident, etc.

Chapitre 12
Dérives éthiques

A Kinshasa, les vulnérabilités sociales ont également une origine éthique. Elles résultent de la perte de valeurs sociales (responsabilité, solidarité) dans la trajectoire de destinée de la population (dérives éthiques). En effet, les vicissitudes de temps créent ou fabriquent de tares comportementales qui, tout en persistant dans la durée, elles (tares comportementales) finissent par engendrer des dérives éthiques. Ces dernières ont ceci comme impact environnemental humain : elles aggravent les vulnérabilités sociales.

12.1. ETHIQUE

L'éthique tire sa signification du latin : « ethicus, ethica ». A travers ces concepts, l'éthique se traduit par manière d'être. L'éthique est fondamentalement la science morale de milieu de vie, des habitudes, mœurs ou caractères. En tant que science, l'éthique est une discipline pratique et normative. Elle a pour but de déterminer comment les êtres humains doivent se comporter. Elle vise à établir des principes pour savoir comment l'homme peut être en accord avec lui-même (sa conscience), avec la société (les autres membres) et le monde biophysique qui l'entoure (la nature).

L'éthique porte un jugement sur les actes posés par les individus en le présentant comme « bons » ou comme « mauvais », sur la base d'un code moral et, au-delà de celui-ci d'une instance légiférant ; L'éthique a pour fonction d'assurer le maintien et la cohérence d'un mode de vie, principalement, la réalisation des exigences de justice au sein de ce mode de vie (Foulque, 1962). Elle est une instance intériorisée, ordonnatrice des désirs et légiférant des actes des individus, pour assurer un certain ordre, un mode d'être du rapport des hommes entre eux et avec le monde. L'éthique fait partie des dispositions nécessaires pour régler les rapports des hommes entre eux et en particulier pour assurer l'organisation de la production et de la répartition des biens accessibles. L'éthique obéit davantage à un questionnement sur les finalités de l'existence, à la promotion des valeurs, elle a une connotation axiologique.

L'éthique vise à répondre à la question suivante : « que dois-je faire pour bien faire ? » (E. Kant)

12.2. ETHIQUE ET ENVIRONNEMENT

La gestion efficace de la planète est un impératif non seulement économique mais également moral. La crise mondiale à laquelle l'humanité se trouve confronté est surtout un reflet de la dégradation de valeurs, comportement et modes de vie collectifs. La nature de cette dégradation montre que la crise de l'humanité est essentiellement éthique. Elle part de l'homme et touche tout son environnement. L'environnement biophysique ne fait que subir les conséquences de la dégradation de l'être moral de l'homme.

Il faut nécessairement une éthique dans la gestion de l'environnement pour garantir le développement durable. Elle concerne à la fois les pensées et les actions qui guident les aspects de gestion de l'environnement. A ce titre l'éthique de l'environnement est une branche de l'éducation qui s'intéresse aux normes propres de l'environnement. Elle précise plus particulièrement le rôle écologique n et social de l'espèce humain et la nature sur certains principes (écologiques).

L'éthique environnementale est conciliatrice (Beauchamp, 1993). E lle a pour mission de maintenir le lien dynamique entre la nature et la culture, l'être humain et le milieu écologique.

Cependant, les principes de l'éthique de l'environnement ne se ne se donne pas une fois pour toutes ; ils sont e perpétuelle construction, compte tenu de contextes variables dans lesquels ils ont pris corps

12.3. L'ÉTHIQUE DE L'ENVIRONNEMENT ET L'INFORMATION RÉGULATRICE

L'éthique d'environnement a un rôle important à jouer dans les efforts visant à parvenir à une économie écologique durable.

La vie éthique environnementale est assurée grâce à l'Information régulatrice. Cette dernière concerne l'information que l'écologie met à la disposition de l'homme pour lui permettre de réguler tous les équilibres ou pour préserver ces derniers, voire les harmoniser. Elle comprend des lois et principes essentiels pour la gestion rationnelle de l'environnement.

Le contenu de l'information régulatrice est complexe. Il s'agit de certains principes, à savoir :

a. tout est lié à tout ;
b. toute chose doit aller quelque part ;
c. tout retrait nécessite une restitution
d. il n'ya pas de repas gratuit

e. la nature en sait plus ;
f. une niche, une espèce ;
g. la nature a horaire de vide ;
h. rien ne se crée, rien ne se perd ; ;
i. tout se transforme ou tout se consomme.

Le contenu de ces principes écologiques donne lieu aux principes éthiques de l'environnement. Il s'agit notamment :

1. *principe de précaution* : selon ce principe, il ne faut attendre qu'il ait une catastrophe pour agir ;

2. *principe de prévention* : mieux prévenir que guérir ; lorsqu'on prévoit on dépense moins ;

3. *principe d'efficacité* : dans toutes nos interventions ou actions nous devons être efficaces, c'est-à-dire évitons les gaspillages (le temps, l'eau)

4. *principe de responsabilité* : en tout lieu, en toute circonstance, poser des actes responsables (consommateur-payeur ; pollueur-payeur) ;

5. *principe de participation* : chacun de nous doit être décideur et acteur ;

6. *principe de solidarité* : être solidaire avec les générations actuelles et futures. Il faut que ceux qui viendront vivent dans un espace viable.

Connaître tous ces principes fait partie « de la culture verte ou de la culture écologique ». En somme, ces 6 principes aident l'homme à pouvoir évaluer ses propres actions sur la vie et la nature dans son ensemble. Si l'homme applique ses principes, il y a le développement.

12.4. LA DERIVE ETHIQUE

La dérive éthique désigne une situation ou les principes éthiques initialement établis pour guider une action ou une pratique sont progressivement déviés, pervertis ou ignorés, conduisant à des comportements contraires à l'éthique. Cela peut se manifester dans divers domaines, tels que la politique, la gestion, la médecine, ou encore des relations interpersonnelles (Foulque, 2003). La dérive éthique peut être évitée par une vigilance constante, une réflexion critique sur les pratiques et les motivations, et un engagement ferme envers les valeurs éthiques.

12.4.1. De la dérive éthique à Kinshasa

A Kinshasa, à côté de résiliences qualifiées de positives (la vente de produits de première nécessité pour les besoins divers de ménages : pain, brais, farines de manioc et de maïs, sucre, poissons salés, épices, fruits, légumes, huiles, pétrole, boissons, ristourne, « quado », changeur de monnaie, etc.), se sont installées certaines résiliences négatives

A titre d'exemple, la prostitution précoce ou tardive. Hormis la prostitution et ses conséquences directes ou indirectes sur les vulnérabilités sociales (filles mères, avortement) et sanitaires (maladie sexuellement transmissible), d'autres dérives éthiques (absence d'humanisme ou du sens d'altruisme qui fonde égocentrisme, la fuite de responsabilité sociale…) sont à la base de plusieurs tares comportementales des Kinois (délinquance juvénile, viol, vols, koulouna, corruption, tricherie, détournement de denier public, etc.). Les valeurs morales de la société kinoise se désintègrent, parce que les dérives éthiques sont de plus en plus légion.

Tous ces mécanismes et opportunités influent comme des facteurs de résiliences pour minimiser, voire retarder l'irruption et l'explosion de la pauvreté urbaine dans la ville de Kinshasa. En effet, la vulnérabilité, lorsqu'elle stimule l'esprit et la créativité humaine à une recherche effrénée et débridée de l'argent, et ce, sur des bases non éthiques de résiliences économiques, elle accouche d'une résilience négative. C'est le genre de revenu qui provient de la prostitution, du vol, du détournement de denier public, du proxénétisme, du phénomène pédé, « koulouna » ou dragueur de rue, etc.

12.4.2. Principales causes de la dérive éthique à Kinshasa

Les principales causes de la dérive éthique à Kinshasa sont notamment :

La démission de l'Etat *(46 %)* (Munkuamo, 2022*)* : la perte de l'autorité de l'Etat est à l'origine de la dérive éthique dans la ville de Kinshasa. Cela se manifeste par les mauvaises conditions de socioéconomiques. La crise économique engendre les souffrances de la vie sociale de la population. Ainsi, les résiliences font leur recomposition, suite à la démission de l'Etat, principal garant de bien-être de la population, en laissant poindre aux horizons les prismes de la précarité dans la ville La mauvaise gouvernance affecte l'Etat congolais dans sa nature, sa force et le rend incapable d'assurer sa souveraineté et son intégrité nationale de garantir la sécurité des citoyens et de leurs biens, d'initier et d'exécuter de programme de grande envergure nationale, etc. C'est la raison pour laquelle administrativement et politiquement, l'Etat congolais a démissionné devant toutes ses responsabilités et ne constitue pas une structure performante et efficace susceptible d'affirmer sa propre autorité de droit.

Ainsi, sa défaillance en matière de gestion des affaires fait sentir par l'inefficacité de mécanismes de contrôle, l'éclosion de comportement et attitude négative et aux contre-performances de la bonne gouvernance. Cette défaillance trouve toute sa fertilité dans certains antivaleurs, à l'instar : de la médiocrité, du clientélisme, du clanisme, du népotisme, de la violation de droit de l'homme, de l'égoïsme, de l'égocentrisme, de l'impunité…

La deuxième cause de la dérive éthique à Kinshasa, c'est ***la pauvreté de masse*** *(68,10 %)* (Binzangi, 2017). Le faible revenu mensuel a généré de la précarité dans les ménages. La modicité et l'irrégularité des salaires octroyés aux agents du secteur public et privé ne permettent aux citoyens de satisfaire adéquatement leurs besoins.

Cette pauvreté entraîne ***la démission et la perte de l'autorité parentale*** qui est la troisième cause de la dérive éthique à Kinshasa.

Pour assurer leur vie, beaucoup d'enfants, en particulier les jeunes filles sont confrontées aux problèmes d'auto-prise en charge précoce. Cette situation lie les jeunes filles à la dérive éthique. Il y a lieu de reconnaître que ce phénomène est un fléau dans les ménages de Kinshasa. Binzangi (2017) fait remarquer que 62 % de ménages à Kinshasa contiennent *des* filles-mères. Plusieurs ménages vivent grâce à la prostitution de jeunes filles ou femmes adultes (Paka Juma).

La pauvreté à Kinshasa s'explique également, de l'effondrement de l'économie nationale survenue aux lendemains de la zaïrianisation et de deux pillages consécutifs des années 1991 et 1993. Ces évènements malheureux ont porté un coup dur à la situation de l'emploi et à l'économie du pays. Tous les paramètres macroéconomiques étaient au rouge. L'Etat n'a pas su remettre au plus vite l'état de stabilité. Il est resté incapable d'investir dans le social.

La quatrième cause de la dérive éthique à Kinshasa, ce ***l'impunité*** (43 %) (Munkuamo, 2016) La défaillance de l'Etat congolais trouve toute sa fertilité dans l'impunité des coupables. S'agissant du détournement de denier public, la démission de l'Etat a généré les antivaleurs ; chacun fait ce qu'il veut. Chacun peut se permettre certains excès pour s'approprier ce qu'il veut, comme il veut, sans rendre compte à personne. Du plus petit au plus grand. Les lois existent mais ne sont pas respectées. C'est ce qui fait de Kinshasa un « gros village », ou chacun vit à son gré, selon la règle qu'il se fixe.

12.4.3. Conséquences de la dérive éthique

Les conséquences de la dérive éthique sont multiples : la dépravation des mœurs et l'inversion de valeurs, le sous-développement durable, la précarité des conditions de vie, la prolifération de résiliences, la délinquance juvénile, les actes de vandalisme, les filles mères, le manque de respect de biens communs, le détournement de bien public, l'insalubrité publique, la consommation du chanvre, et l'alcool, l'oisiveté, la perte de la dignité de la femme,, la manipulation des prix sur le marché, le divorce et la polygamie, etc.

Toutes ces conséquences affectent directement ou indirectement la qualité de l'environnement biophysique et humain.

12.5. STRATÉGIE FACE À LA DÉRIVE ÉTHIQUE

Face aux vulnérabilités environnementales profondes et aux résiliences urbaines qu'elles suscitent dans la vie des Kinois, la préoccupation ultime consiste à s'interroger sur ce que la population doit faire pour construire une ville durable. Ce questionnement indique ainsi la nature éthique de la notion de durabilité environnementale de Kinshasa.

En effet, l'on ne peut pas parler de la gouvernance sans l'homme, acteur principal de développement durable. C'est pourquoi, il faut la mise en œuvre de l'éthique dans le développement durable pour réduire les vulnérabilités environnementales urbaines à Kinshasa. L'on doit faire ''appel à notre sens de responsabilité et à inscrire les décisions (politiques, écologiques, économiques, sociales) sur un horizon de pensée inspiré par des valeurs et des représentations à caractère moral'' (Ngoma B., 2012).

L'éthique de durabilité environnementale urbaine est à la fois une éthique volontariste et construite (responsabilité). La responsabilité étant diluée dans la crise, les Kinois doivent réapprendre le sens éthique de responsabilité pour conserver et maintenir la durabilité. La responsabilité est un dispositif moral qui renforce la précaution et la prévention, deux principes fondamentaux pour construire durablement l'environnement chez les Kinois de génération actuelle et à venir. D'autres valeurs morales humaines qui n'ont pas pu survivre chez les Kinois face à la crise doivent également être sauvées du naufrage. Il s'agit de : solidarité, altruisme, équité, etc.

La responsabilité est un comportement moral qui s'acquiert par l'éducation. Au-delà de la conscience sociale et individuelle de la durabilité environnementale de la ville de Kinshasa, l'avènement de la révolution éthique de durabilité environnementale urbaine de Kinshasa passe par la moralité de l'Etat et de ses Institutions. L'Etat congolais et le gouvernement provincial doivent créer de conditions morales inconditionnelles et plausibles de durabilité environnementale urbaine face aux crimes environnementaux.

Cependant, les prescriptions éthiques de durabilité environnementale doivent être contenues dans les codes qui sont des outils indispensables de gestion environnementale urbaine durable. En effet, les lois morales obéissent aux prescrits formels. Sur le plan pratique, il faut la mise en place de comités et bureaux urbains d'éthique pour superviser les exigences de développement durable sur le terrain. Ces organes doivent servir de structures fonctionnelles de base pour la régulation et l'amélioration des approches et pratiques conformes et non conformes des populations aux exigences de durabilité environnementale.

Enfin, il faut des audits éthiques pour s'assurer de succès ou non de projet de développement durable urbain. Les audits éthiques sont des mécanismes de ''contrôle de degré de moralité dans la culture de l'entreprise. Les audits constituent des grilles d'évaluation sérieusement élaborées pour apprécier la durabilité environnementale urbaine (Ngoma Binda, 2012). Ils ont qualité et fonction de boussole ou d'outil d'estimation de performance. Cependant, il appartient au projet urbain de fixer préalablement ses indicateurs de durabilité de l'environnement urbain, pour permettre à l'organe d'audits éthiques d'être opérationnel, pour mieux évaluer le degré de performance réalisé ou atteint par le projet de durabilité.

Pour la durabilité environnementale à Kinshasa, il faut un changement de mentalités de la population. Les Kinois doivent devenir les éco-citoyens. Dépourvue de cette culture verte, la société kinoise est vouée à la ruine et à la disparition.

Conclusion

La précarité urbaine et ses implications écologiques, économiques et sociales est la cause majeure de vulnérabilités environnementales qui sévissent la ville de Kinshasa. Ces vulnérabilités ont des conséquences multiples sur l'environnement ainsi que sur la population :

- **Sur le plan écologique** : les inondations meurtrières, la pollution protéiforme, multiplication de têtes d'érosions, la prolifération des déchets, l'absence d'espaces et ceintures verts intra-urbains et péri-urbains, protecteurs de l'environnement biophysique.

- **Sur le plan économique :** l'insignifiance de revenu mensuel et incapacité des ménages à vivre dignement, panier de la ménagère non assuré et insécurité alimentaire, grave difficulté de paiement de frais scolaires, de santé, faible couverture des besoins de ménages par le revenu gagné…

- **Du point de vue social** : habitat précaire, précarité d' emploi ou emploi non permanent, insécurité socio-professionnelle, difficultés ou problèmes de logement, pénurie ou difficile accès à l'eau potable, qualité déficitaire de l'eau utilisée, pénurie ou difficile accès à l'énergie électrique, utilisation d'autres sources d'énergie détruisant d'autres ressources naturelles, difficultés ou problèmes de transport urbain, mauvaise qualité de transport urbain, dégradation et absence de la voirie, quasi absence des structures collectives récréatives, dérives éthiques.

Plusieurs causes ou facteurs explicatifs (endogènes et exogènes) sont à l'origine de vulnérabilités environnementales à Kinshasa : Les causes majeures sont : la mauvaise gouvernance environnementale et la pauvreté de la masse.

Ainsi, abandonnés à leur triste sort, les ménages kinois s'adonnent aux résiliences, mécanismes pour la survie. Cependant, en voyant l'évolution et la qualité de vie qu'elles assurent à la population Kinoise, il n'y a pas lieu de croire en l'efficacité de ces stratégies pour un développement viable, durable. Le destin de durabilité urbaine se joue plutôt sur la bonne gouvernance pour faire disparaitre l'extrême pauvreté urbaine des vulnérabilités écologiques et socio-économiques.

Ainsi, les villes de troisième millénaire sont appelées à vivre leur siècle, grâce au respect du droit de l'environnement urbain, du droit à la ville et de la culture verte. Pour ce faire elles doivent tenir compte de quatre fonctions pour le bien-être des citadins, à savoir : habiter, travailler, circuler et se récréer décemment, facteurs qui déterminent la vie heureuse.

Références bibliographiques

BAÏROCH (1977), *Taille des villes, conditions de vie et développement économique*, éd. de l'Ecole des Hautes Etudes en Sciences Sociales, Paris.

BEAUCHAMP, A. (1993), *Introduction à l'Ethique de l'Environnement*, éd. Nathan, Paris

BEYA, D. (2012), *Vulnérabilité des ressources en eau de la République Démocratique du Congo sous contrainte climatique*, CEDESURK, Kinshasa.

BINZANGI, K (2009), « Connaitre et comprendre l'environnement, », in *Respect de la nature et développement durable. Enjeux éthique du développement durable*, Actes de 18ème Séminaire Philosophique, Faculté de Philosophie, UCC pp. 37-46

BINZANGI, K. et FALANKA, N. (2014), « Réflexions sur l'évolution de l'environnement de Kinshasa : d'une portion biosphérique à une « cupidosphère », in *Cahiers Congolais de l'Aménagement et du Bâtiment* (N°003), IBTP. Kinshasa, pp. 83-91.

BWALWEL, JP. (2004), « Kinshasa : éclatement urbain et criminalité écologique », in *Ecologie et théologie africaine*, Revue Africaine de Théologie n° 28, Facultés Catholiques de Kinshasa, pp. 283-296.

BWALWEL, JP. (1999), « Famille comme communauté profonde de vie. Précarité urbaine et dérives éthiques », in *Revue Africaine des Sciences de la Mission*, vol. 6, n° 10-11, éd. Baoba, Kinshasa, pp. 114-153.

BWALWEL, J. (1998), Famille et habitat. Implications éthiques de l'éclatement urbain. Cas de la ville de Kinshasa, éd. Scientifiques européennes, Berne.

DE MAXIMY, R. (1984), *Kinshasa, ville en suspens. Dynamisme de croissance et problème d'urbanisme. Approche socio-politique*, éd. Orstom, Paris.

DORIER, E. (2006), *Ville et Environnement*, éd. Sedes, Paris.

ELA, J.M. (1989), *La ville en Afrique noire*, éd. Kartala, Paris.

Encyclopédie du savoir moderne (1976), éd. Larousse, Paris.

Encyclopédie scientifique (1976), éd. Larousse, Paris.

Encyclopédae Universalis (2009), éd. Larousse, Paris.

FOULQUIE (1962), *Dictionnaire de la langue philosophique*, éd. PUF., Paris.

FUMUNZANZA, J. (1979), *Kinshasa ce village d'hier*, éd. L'Harmattan, Paris.

FUMUNZANZA, J. (2008), *Kinshasa d'un quartier à l'autre*, éd. L'Harmattan, Paris.

FUNDJI Ngungu (2025), *Politiques et stratégie de résolution de la crise d'enseignement dans la ville province de Kinshasa. Une contribution sociologique*, L'Harmattan, Paris.

HUBERT F. et *al.* (2006), *Villes du Nord, Villes du Sud. Géographie urbaine, acteurs et enjeux*, éd. L'Harmattan, Paris.

GAPYISI, E. (1989), *Le défi urbain en Afrique*, éd. L'Harmattan, Paris.

GRANET, P. (1974), Changer la ville, éd. Bernard Grasset, Paris.

KABUYA, H. (2004), *L'Education relative à l'Environnement et l'intellectuel congolais*, éd. P.U.C., Kinshasa.

LAMBIN, E. (2009), *Une écologie du bonheur*, éd. Le Pommier, Paris.

LELO, F. (1989), *Urbanisme et Aménagement en Afrique Noire*, éd. Sedes, Paris.

LELO, F. (2008), *Kinshasa, Ville et Environnement*, éd. L'Harmattan, Paris.

LELO, F. (2011), *Kinshasa – Planification et Aménagement*, éd. L'Harmattan RDC.

LUMENGANESO, A. (1995), *Kinshasa, genèse et sites historiques*, éd. Arnaza-Bief, Kinshasa.

MAKANZU, F.I. (2014), *Etude de l'érosion ravinante à Kinshasa. Dynamisme pluvio-morphogénique et développement d'un outil de prévision*, Thèse de Doctorat, Faculté des Sciences, Dép. Géosciences, Unikin, Kinshasa.

MASHALA, B. (2008), *Stratégies de réduction de la pauvreté. Dynamiques participatives de l'Eglise et des organisations de base en RD Congo*, ALEPH Edizioni, Montespertoli, Italie.

MBULUKU Mafuti (2004), *La politique de réhabilitation des voiries et assainissement urbains en R.D.C face aux exigences de la rationalité économique. Cas de l'Office des Voiries et Drainage (O.V.D)*, Mémoire de DES, Facultés Catholiques de Kinshasa, Kinshasa.

MBUMBA (1982), *Kinshasa 1881-1981 : 100 ans après Stanley ; problèmes et avenir d'une ville*, C.R.P, Kinshasa.

MITI, T. et ALONI, K. (2008), *Ravinement dans la ville de Kinshasa face au changement climatique et coût de la lutte anti-érosive*, Faculté Sciences, Unikin, Kinshasa.

MITI, T. et ALONI, K. (2005), Les incidences de l'érosion sur le développement socio-économique de l'urbanisation future de Kinshasa, M.E.S 27, pp. 1-31.

MPURU et MBULUKU (2014), « Kinshasa : croissance spatiale et problèmes de transport collectif », in *Cahiers Congolais de l'Aménagement et du Bâtiment* (n°003), IBTP-Kinshasa, Kinshasa, pp. 40-56.

MUKENDJI, M. (2014), « Kinshasa, une ville sans éthique ni esthétique », in *Cahiers Congolais de l'Aménagement et du Bâtiment* (n°003), IBTP-Kinshasa, Kinshasa, pp. 92-110.

MUNKUAMO, G. (2014), « Les dérives éthiques dans l'environnement de la Commune de Limete : état des lieux et perspectives », in *Cahier Congolais de Sociologie*, n° 31 (juin), Département de Sociologie, Université de Kinshasa, Kinshasa, pp. 25-56.

MUNKUAMO, G. et Binzangi, K. (2014), « Absence d'Urbanisme et son impact sur l'environnement de la commune de Limete », in *Revue du Centre de Recherche Interdidsciplinaire de l'Université Pédagogique Nationale (CRIDUPN)*, n° 059b (Avril-Juin), Presse de l'Université Pédagogique Nationale (PUPN), Kinshasa, pp. 235-256.

MUNKUAMO, et ali. (2015), « Vulnérabilités environnementales et stratégies de survie urbains en situation post-conflit en RDC ».

MUNKUAMO, G. (2024), *Performance des écosystèmes urbains congolais (RDC) à lumière de la dynamique d'Agenda 21 (1992)*, édition Presse de l'Université pédagogique nationale, PUPN, N° 099b (Avril-Juin), Kinshasa, pp. 57-66.

MUNKUAMO, G. (2023), *Précarités urbaines à Kinshasa : dynamique d'un écosystème urbain congolais en crise de la durabilité environnementale*, édition Presse de l'Université Pédagogique Nationale, Centre de recherche (PUPN), N° 097 b, Kinshasa.

MUNKUAMO G. (2023), Vision de l'ékistique au 21ème siècle à la lumière de la Charte d'Athènes et Agenda

21 : Enjeu du développement urbain durable, in International Journal of innovation and Applied Studies, ISSN 2028-9324 Vol.40, Issue 3, Septembre 2023, Maroc.

MUNKUAMO, G. (2023), « Les inondations meurtrières à Kinshasa : diagnostic et stratégies préventives intégrées pour la réduction des risques des catastrophes naturelles », in *International Journal of innovation and Applied Studies*, ISSN 2028-9324, Vol.40, Issue 3, Septembre, 2023, Maroc.

MUSIBONO, D. (2006), *Du marasme d'un Etat Squelette aux défis du développement durable*, Chaire Unesco, Unikin.

MUSIBONO, D. (2015), « Agriculture urbaine comme réponse au chômage à Kinshasa, R D Congo », *Vertigo - la revue électronique en Sciences de l'Environnement*, Vol. 11, N°.1, *http://vertigo.revues.org*, consulté le 17/07/2015.

MWANZA wa Mwanza (1997), *Le transport urbain à Kinshasa. Un nœud gordien*, éd. CEDAF/L'Harmattan, Bruxelles/Paris

NGOMA, B. E (2012), « De l'éthique dans les affaires. Cas, outils et champs d'application », in *Cahiers économiques et sociaux*, éd. Universitaires Africaines, Université de Kinshasa, Faculté des Sciences Economiques et de Gestion, UNIKIN, Kinshasa

NGUNU, K. (2004), « Analyse des mécanismes et stratégie de survie de la population de Kinshasa : cas de boutiques et ligablos », in *Vivre et survivre à Kinshasa.*, Observatoire d'Economie Politique et de Développement Humain, Faculté d'Economie et Développement, Facultés Catholiques de Kinshasa, Kinshasa, pp. 11-48.

NKOO, M. (2012), *Vivre au taux du jour à Kinshasa*, éd, Université de Kinshasa, Faculté des Sciences.

PAIN, M. (1984), *Kinshasa, la ville et la cité*, éd. Orstom, Paris.

PNUD (2015), *Les indicateurs WASH de résiliences*, (inédit), Kinshasa.

PNUE (1997), *Ressources mondiales. Un guide pour l'Environnement mondial*, Paris.

RAMAZANI, B. (2014), « Crise d'urbanisation et défis de mondialisation de la ville de Kinshasa », in *Cahiers Congolais de l'Aménagement et du Bâtiment* (n°003), IBTP-Kinshasa, Kinshasa, pp. 155-161

RAMADE, F. (2003), *Dictionnaire encyclopédique de l'écologie et des sciences de l'Environnement*, éd. Dunod, Paris.

RAVEN, P.H.et *al.* (2009), *Environnement*, éd. De Boeck, Paris

TSHISHIMBI, K. (2010), « Les Métamorphoses de la délinquance urbaine en R.D.C. : le phénomène « Kuluna », in *Cahiers congolais de Sociologie,* Kinshasa.

SACHS, I. (1991), *Initiation à l'écodéveloppement*, éd. Privat, Paris.

SAKOMBI, D. (1981), *Regard sur Kinshasa*, éd. Réunie, Kinshasa.

TOULIER, B. (2010), *Kinshasa, architecture et paysage urbains*, éd. Arter, Bruxelles

TREFON, Th. (2004), Ordre et désordre à Kinshasa : réponses populaires à la faillite de l'Etat, Musé Royal de l'Afrique Centrale/L'Harmattan, Paris.

YANKEL FIJALKOW (2007), *Sociologie des villes*, éd. La Découverte, Paris.

YOKA, L.M. (1995), *Lettres d'un kinois à l'oncle du village*, éd. Cahiers africains- Afrika, Paris.

WRESINSKI, J. (2005), *Grande pauvreté et précarité économique et sociale*, éd. Journal officiel, Paris.

Table des matières

Structures éditoriales du groupe L'Harmattan

L'Harmattan Italie
Via degli Artisti, 15
10124 Torino
harmattan.italia@gmail.com

L'Harmattan Hongrie
Kossuth l. u. 14-16.
1053 Budapest
harmattan@harmattan.hu

L'Harmattan Sénégal
10 VDN SICAP AMITIE 3
BP 45034 Dakar-Fann
direction@senharmattan.com

L'Harmattan Cameroun
Tsinga/Derrière polyclinique FECAFOOT
BP 11486 Yaoundé
Jacques.koukam@harmattan.fr

L'Harmattan Burkina Faso
Villa 281, secteur 23 623, rue 14.32
Ouagadougou
zagbie@outlook.fr

L'Harmattan Guinée
Almamya, rue KA 028 OKB Agency
BP 3470 Conakry
harmattanguinee@yahoo.fr

L'Harmattan RDC
185, avenue Nyangwe
Commune de Lingwala – Kinshasa
matangilamusadila@yahoo.fr

L'Harmattan Congo
219, avenue Nelson Mandela
BP 2874 Brazzaville
deunovmikhael@gmail.com

L'Harmattan Mali
Immeuble Mgr Jean Marie Cissé
Aci Hamadallaye
BP 145 Bamako
syllaka@yahoo.fr

L'Harmattan Togo
Djidjole – Maison Amela
face EPP BATOME
02 BP 20680 Lomé
didieramela11@gmail.com

L'Harmattan Côte d'Ivoire
Résidence Karl – Cité des Arts
Abidjan-Cocody
03 BP 1588 Abidjan
harmattan.ivoire@gmail.com

L'Harmattan Bénin
Rue 604, (Immeuble à l'entrée
de la rue UCAO- Cite de Saint-Jean)
Cotonou
stepcorpus@gmail.com

Nos librairies en France

Librairie internationale
16, rue des Écoles
75005 Paris
librairie.internationale@harmattan.fr
01 40 46 79 11
www.librairieharmattan.com

Librairie des savoirs
21, rue des Écoles
75005 Paris
librairie.sh@harmattan.fr
01 46 34 13 71
www.librairieharmattansh.com

www.ingramcontent.com/pod-product-compliance
Lightning Source LLC
LaVergne TN
LVHW010931061026
849535LV00007B/2350
* 9 7 8 2 3 3 6 5 6 8 8 7 4 *